これから伸びる東京のカイシャ**2021**

刊行にあたって

　日本企業の競争力低下が著しい。GAFAに主導権を握られた情報通信分野に始まり、エレクトロニクス、金融、医療・医薬、サービス分野などでも国際的な立ち遅れが目立つ。自動車、機械、素材分野を中心に、今なお数多くの日本企業が世界で活躍しているが、一段と進む少子高齢化の流れとデジタル化の遅れは、日本企業の成長を阻む大きな足枷になりかねない。

　しかし、そんな弱気なマクロ観に支配されてばかりはいられない。高い成長可能性を秘めた日本企業はいくらでもあるからだ。独自技術のオンリーワン製品で圧倒的な市場プレゼンスを持つ会社。世の中にない独創的なサービスで新たな市場を創出している会社。あるいは顧客価値を徹底追及し高い支持を獲得した会社など、新型コロナウィルスの影響に苦しみながらも、これからも大きな飛躍が期待できる会社は数多く存在する。本書「これから伸びる東京のカイシャ2021」は、そうした将来の成長可能性に富んだ都内の有望企業を取材し、各社の強みを中心にビジネスの特色をコンパクトにまとめたものである。

　企業規模や業種を問わず、概ね創業5年〜30年で、高い財務健全性を有する企業を前提に、ここ数年で高い成長を示している企業や、独創的なビジネスで今後の成長が期待される企業40社を取り上げた。いずれも若さと活力に満ちた企業活動が日々展開されており、ビジネスの内容だけではなく、そこで働く社員のモチベーションの高さも特筆されるところだ。第三者視点でのヒアリングと、資料データに基づく客観的な企業紹介書籍となっており、成長する会社のあり様を肌で感じてもらえる作りを心掛けた。学生をはじめこれから就職を目指す方々にとっても、ウェブサイトや就職情報媒体とは異なる企業発見の機会になるだろう。

　2021年3月現在、新型コロナウィルスの勢いは衰えず、この国の企業活動はいまだに大きく落ち込んだままだ。それでもここに掲げた40社は、ひたすら前を向き、きょうも前進を続けて、あしたも伸びていく会社に違いない。活力にあふれ、これからも伸び行く東京のカイシャが、この国の委縮した企業マインドを少しでも変えるきっかけとなることを願っている。

日刊工業新聞社
東京支社長　玄蕃　由美子

CONTENTS

医療・医薬・化学

社会インフラ

商社・サービス

建設・不動産

▲株式会社SUMCO

世界第2位の半導体シリコンウェーハ専業メーカー
——超平坦・超清浄な円板を安定的に作り出す先進技術でリード

ここに注目！

世界トップの高品質ウェーハを提供する圧倒的な技術力
海外売上比率8割のグローバルビジネス

スマートフォンやパソコンをはじめとするデジタル機器のほか、テレビ、エアコン等の家電製品、さらには自動車や各種産業機器、医療機器といった製品の頭脳にあたる半導体デバイス。その半導体の製造に欠かせない基板材料が、株式会社SUMCOが開発、製造しているシリコンウェーハだ。信越化学工業と並ぶ世界2強の一角で、SUMCOの世界シェアは第2位。特に高品質の最先端シリコンウェーハで、シェアトップの座を占める。産業社会の発展に欠かせないシリコンウェーハをリードするSUMCOは、まさに日本が世界に誇れるグローバル企業の1社である。

1999年、住友金属工業（現日本製鉄）と三菱マテリアル、三菱マテリアルシリコンの共同出資により、300mmシリコンウェーハの開発・製造会社「シリコンユナイテッドマニュファクチュアリング」として設立されたのが始まり。2002年に、「三菱住友シリコン」に商号変更したのち、2005年上場を機に現在のSUMCOに社名変更した。

保有特権件数も
業界トップクラス

最大の強みは、世界最高品質を生み出す圧倒的な技術力。シリコンウェーハは、採掘された珪石から超高純度の多結晶シリコンを製錬・精製し、独自の結晶育成技術で単結晶インゴットを製造、これを厚さ1mm以下にスライスして鏡面仕上げする。言葉で表すと簡単のようだが、半導体製品の中でも特に技術力と管理力の粋を尽さ

ないと製造できない製品とされ、現に日本勢以外（日本勢で世界シェアの6割を超える）は、台湾、ドイツ、韓国の3社で残りのシェアをほぼ分け合う寡占市場。各社各様の門外不出のノウハウがあるとされ、新規参入など容易にできない世界だ。

ポイントは、より無欠陥で、より高平坦で、より高清浄であること。表面を鏡面に磨き上げ、微細な凹凸や微粒子を限界まで排除した、超平坦・超清浄な円板を安定的に作り出せるところに、他社を圧倒するSUMCOの技術優位性がある。各製造プロセスで先進技術を有するスペシャリストが数多く携わり、保有特権件数も業界トップクラス。半導体回路の高集積化を背景にシリコンウェーハの要求品質が高まるなか、米インテ

九州事業所（佐賀県）工場外観

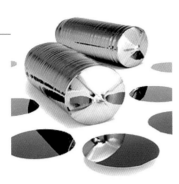
インゴットとシリコンウェーハ

活躍する若手社員

半導体チップ

ル、韓国サムスン電子、台湾TSMCといった半導体大手から高い評価を得ており、数々のサプライヤー表彰を受賞していることも、SUMCOの高いウェーハ品質を裏付けている。

外国語の素養を重視

そんなSUMCOの指標となっているのが、SUMCOビジョン。「技術で世界一の会社」、「景気下降局面でも赤字にならない会社」、「従業員が活き活きとした利益マインドの高い会社」、「海外市場に強い会社」の4項目で、エクセレントカンパニーを目指す。

なかでも「技術で世界一」を継続するため、力を入れているのが人財開発。集合研修、技能研修、専門研修、国内外大学派遣研修などの多様なキャリア形成プログラムを用意し、毎年2〜3名が社会人博士課程に進んでいる。また新入社員は、1カ月の導入研修を実施したのち、約2カ月の製造現場実習を経て正式配属する流れ。配属先では先輩社員がトレーナーとなる3年間の職場OJTを実施するほか、海外売上比率が8割と海外顧客が多いことから、英語をはじめ語学の素養を重視している。エンジニアもお客様と直接英語でプレゼンする機会もある。英語に限らず、中国語の能力が高い人も採用していて、「海外市場に強い会社」を目指している。

一方、働き方の取り組みでは、有給休暇7-8割の消化率で、残業も少ない。社員に安心して働いてもらえるよう家庭との両立に配慮し、育児休暇や介護休暇のほか九州事業所に事業内保育園を開設、特に入所施設が少ない0歳から2歳までの対象を絞った保育業務とし、子育て世代社員をサポートしているとのこと。

今後も、IoTによるデジタル社会の進展や5G携帯の拡大、さらには電動化や自動運転技術が進む車載半導体需要の拡大など、新たな市場に向けたシリコンウェーハの需要が創出されるのは確実。日本の成長産業の一端を担うSUMCOの活躍がつづきそうだ。

| わ | が | 社 | を | 語 | る |

代表取締役会長兼CEO
橋本 眞幸氏

全社一丸でエクセレントカンパニー目指す

当社は「SUMCO VISION」に示したように、「技術で世界一の会社になる」ことを目標に日々努力しています。特に最先端技術分野では、世界中のお客様から当社に対して高い評価を頂いています。シェアは世界第2位、海外売上高比率は約80%を占めており、中でも300mm最先端領域のビジネスでは、No.1サプライヤーと認められていると自負しております。

半導体の基幹材料であるシリコンウェーハは私たちの生活を支える欠かせない存在であり、半導体用シリコンウェーハ業界は日本では数少ない成長産業でもあることから、当社は全社一丸となってエクセレントカンパニーを目指して参ります。

会社DATA

所 在 地	東京都港区芝浦1-2-1 シーバンスN館
創業・設立	1999年7月設立
代 表 者	橋本 眞幸（代表取締役会長兼CEO）
資 本 金	1,387億円（東証1部上場）
従業員数	連結：8,199名（2020年12月31日現在）
事業内容	半導体用シリコンウェーハの製造・販売
U R L	https://www.sumcosi.com/

▲株式会社エリオニクス

世界一細い線が描ける電子ビーム描画装置メーカー
——ナノテクノロジーの最先端技術で多様な分野の研究開発に貢献

ここに注目! 研究開発向けの国内シェア8割、国内外の研究機関で圧倒的な納入実績
加工から計測分析までの一連のナノ加工プロセスをフルサポート

ICチップに刻まれる微細な回路パターンを描く電子ビーム（EB）描画装置。半導体製造になくてはならない装置だが、3ナノメートル（nm）といっ世界一細い線を描けるEB描画装置がある。開発したのは、研究開発用のEB描画装置で国内シェア8割超を持つ株式会社エリオニクス。国内の主要大学や公的研究機関のほか、米ハーバード大学、マサチューセッツ工科大学（MIT）をはじめとする海外の研究機関にも多くの納入実績がある。5G、6Gの次世代高速通信用デバイスやIoTセンサー、さらには量子コンピューターなどの革新技術の開発に欠かせないナノテクノロジーを支える最先端の装置メーカーである。

超高精細描画の限界に絶えまず挑戦

1975（昭和50）年の会社設立からしばらくは、半導体に特化した研究開発向けの装置や国内半導体メーカーから依頼されたOEM製品で事業を続けたが、バブル崩壊後の国内半導体産業の失速により、ナノテクノロジーを軸にした研究開発装置を中心とするビジネスに転換、以来電子ビームやイオンビームなどの技術を応用した超高精度、高精細装置を次々に開発し、ナノテク研究用装置の最先端メーカーのポジションを築いた。

主力のEB描画装置ELSシリーズは、1997年に世界で初めて10nm描画を実現し、2010年に5nm保証、2018年には4nm以下と進化を続け、一般的な生産用途では10nmで十分とされる超高精細描画の限界に挑み続けている。さらにEB描画装置に加えて、プラズマやイオンビームによるエッチング・成膜装置をラインナップしているほか、三次元粗さ解析走査電子顕微鏡や表面力測定装置などの計測分析部門を有しているのが、他社と異なる大きな特徴だ。

2018年から同社の舵を取る5代目の七野実社長は、「EB描画装置とエッチング・成膜装置の両方を製造しているのは当社だけ。これに計測分析装置も揃えているので、例えば『こんなデバイスを開発したい』という顧客に対し、一連のナノ加工プロセスを事前に提案できる」と、自社の強みを解説する。光学、計測関連の精密加工業が多く立地する多摩地域の特性を活用し、当初からファブレス製造業の形態を取りながら、本社近くにクリーンルームを装備したナノテクシステムセンターを構え、製品の最終組立、検査を行うとと

超微小押し込み硬さ試験機

電子ビーム描画装置BODEN Σ FOUP対応ロボットローダー

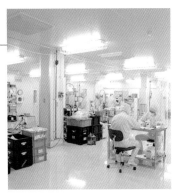
クリーンルーム

ナノテクシステムセンター

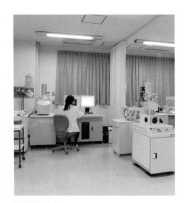
試料観察室

もに、顧客の要望に対応したさまざまな加工試験を実演できるのが魅力になっている。

ナノテクで世界ブランド確立目指す

2016年以降は、研究開発用途だけでなく生産向け装置の事業強化に乗り出し、高速描画の装置開発を拡充している。なかでも2020年11月に投入した新型のEB描画装置「ELS-BODENΣ」は、走査速度を従来機比4倍と高速ステージを採用した戦略商品で、「バブル以降の第二創業に次ぐ、第三創業の位置づけで、生産向け装置の市場を開拓する」(七野社長)という。今後の受注増加が見込まれることから、本社とナノテクシステムセンターを一体化した新社屋の建設を計画しており、第三創業の本格展開に備えている。

オーナー経営でないこともあり、これまで経営のバトンが5人に渡ったが、今後の将来展望について七野社長は、「ナノテクノロジーで世界ブランドを確立する」と明快だ。基礎研究の縮減が懸念される日本だけでなく、さまざまな次世代技術の開発に向けて、同社の先端ナノテク装置を必要とする海外の研究機関は少なくない。まずはハーバード、MITに続き、米国・欧州の主要大学や公的研究機関での実績を積み重ね、「ナノテク研究者から頼りにされ、当社の装置を使ってみたいと言われる存在を目指す」(同)という。このため即戦力を中心にした人材採用に力を入れる一方、昨秋には年功序列型賃金から成果型の賃金体制を導入し、一段の組織活性化に動いている。さらに社内業務のデジタル化を積極的に採り入れて、世界ブランドの確立をにらんだ"新たな会社づくり"を進めていく方針だ。

|わ|が|社|を|語|る|

代表取締役社長
七野　実氏

ナノテクを通じて科学技術の進歩に貢献

情報通信やライフサイエンス、環境・エネルギー分野など、飛躍的な革新をもたらす技術としてナノテクノロジーは欠かせません。超微細加工を実現する数々の当社製品は、最先端を行くお客様のナノテク研究に使われ、それらの研究成果の多くは、LEDやリチウムイオンバッテリーなどのように、10年後、20年後に社会を一変させる製品技術となって表れます。その時こそ当社製品が科学技術の進歩に寄与したことを実感できる瞬間であり、そこに働きがいと誇りが生まれると信じています。第三創業として新たな挑戦を始めた今、私たちは大きな可能性と将来性を秘めたナノテクの世界に貢献し、世界の研究者に頼られるナノテク装置メーカーを目指していきます。

会社 DATA		
所　在　地	：	東京都八王子市元横山町3-7-6
設　　　立	：	1975年3月4日
代　表　者	：	七野　実
資　本　金	：	2億7,000万円
従業員数	：	101名（2021年3月現在）
事業内容	：	電子・イオン等の粒子線、および光・X線等の電磁波に関する技術を応用した各種機器・システムの研究・開発・設計・製造・販売・技術提供・輸出入・保守サービス等
U　R　L	：	https://www.elionix.co.jp/

▲ジーエルサイエンス株式会社

医薬・食品・水質・環境など成分分析の世界的メーカー
——非同族、経営者の私欲排除、利益の公正分配など理想の会社づくりも特筆

ここに注目!
分析機器、半導体、自動認識を三本柱に連結売上高500億円目指す
WWFジャパンに自社株式寄付、会員としても地球環境問題に貢献

ジーエルサイエンス株式会社は物質を分離・精製するクロマトグラフィーの総合技術企業で、東証2部に株式上場している。半導体製造装置用の高純度石英ガラスを製造するグループ会社のテクノクオーツ株式会社（東京都中野区）も東証ジャスダックに上場しており、安定した収益体制を築いている。非同族会社で、筆頭株主は従業員持株会であるなど1968年の創立時の根本精神が息づき、理想の会社を追求していることも特筆される。

2020年代にシリカ系液体クロマトグラフィー用カラム製造本数で世界一へ

医薬品・化成品・自動車・半導体などの一般企業、食品安全・水質評価・大気汚染・土壌汚染などの環境問題、さらには各省庁・研究開発機構・大学などアカデミアとの協業において、あらゆる分析を支えているのがジーエルサイエンスだ。福島工場（福島県福島市）ではクロマトグラフィーに関連する装置、試料中の成分を分離するカラムをはじめとする消耗品など約3万種類に及ぶ製品を製造し、業界最大級の「クロマト消耗品販売企業」となっている。

それを支えるのが「全国に90人余りいる営業部隊」（長見善博社長）だ。消耗品単価は5000円〜10万円と決して高くはない。営業生産性の観点から営業担当の増員をためらう同業他社が多い中、ジーエルサイエンスは「お客様へのアドバイスが違う。それが新製品の開発にもつながり、開発→製造→販売の一気通貫体制となっている」（同）。

福島工場では、世界的に需要のある液体クロマトグラフィーのシリカゲル充填カラム増産に向け、2019年に世界最大規模の生産能力を有する新工場を完成、2020年には大型倉庫を完備した。これにより、不測の事態においても市場が必要とする製品をより早く安定的に供給する体制を構築した。長見社長は「20年代には100％稼働率を達成し、シリカ系液体クロマトグラフィー用カラムの製造本数を世界一にしたい」と意気込んでいる。

ジーエルサイエンスはまた、クロマト製品で培った技術を応用し、新規事業として金属表面処理「InertMask」を展開し始めた。これは「金属を不活性処理し、表面に汚れが付きにくくする」処理技術。酸性化合物や塩基性化合物などの金属吸着が懸念される分析計の部品に極めて有効なほか、クロマト業界以外でも注目されている。長見社長は「いずれ売り上げの中核を担う」と期待を寄せている。

自動認識事業をM&A視野にテコ入れ、分析機器はアジア市場拡大

ジーエルサイエンスの「GL」は「ガス・リキッド」「グレート・ラボラトリー」の頭文字から名付けられた。グループには、テクノクオーツをはじめ、非接触ICカードリーダーライターなど自動認識事業のジーエルソリューションズ株式会社（東京都台東

本社ビル：新宿区西新宿にある新宿スクエアタワー

グローバル市場に向けた高性能・安定品質のシリカ系液体クロマトグラフ用カラム「Inertsil/Inertsustain」

福島工場中央管理棟：顧客への安定供給、海外成長を見据えて2020年大型倉庫完成

シリカ系カラム「Inertsil/Inertsustain」増産に向け2019年に完成した福島工場の西Ａ棟

区）、液体クロマトグラフィー用部品のバルブなど各種パーツ製造の株式会社フロム（東京都青梅市）がある。

中期経営計画の最終年度となる21年3月期は、世界経済がコロナ禍に見舞われたものの半導体事業が好調で、連結売上高265億4000万円、同営業利益31億9000万円の計画は達成できる見通しだ。現在の事業構成は概ね分析機器55％、半導体40％、自動認識5％の比率となっている。長見社長は中長期的に「3事業がそれぞれに成長を果たし売上高500億円」という目標を掲げて

いる。「自動認識市場は大きく、収益が膨らむとみている。M&Aを視野に入れてテコ入れする。M&Aは、グループ全体の相乗効果も期待できるだろう」（長見社長）と、売上構成比の低い自動認識事業を拡大する構え。海外売り上げが約2割と低いジーエルサイエンスの海外戦略も柱の一つ。「中国、インド、東南アジアに海外人材を含めて力を注ぐ」（同）方針を打ち出している。

ジーエルサイエンスは創業社長である森憲司氏（故人）が「非同族会社の成立」「経営担当者は私欲に負けない」「利益は会社、株

主、社員、社会に公正に分配する」などと記した「創立の根本精神および経営理念」を策定し、「道は一つ、共に進もう」のスローガンのもとに成長を続けてきた。森氏はまた、WWFジャパン（公益財団法人世界自然保護基金ジャパン）に対し、自身が保有するジーエルサイエンス株式40万株を寄付するとともに、法人会員として自然保全活動を支援している。創業者の気高い精神が色褪せずに残っていることも強みとなっている。

│わ│が│社│を│語│る│

取締役社長
長見 善博氏

会社を変える「わくわく、どきどき」が活力生む

「会社を変えよう」「創造性を持って、違った見方、違ったやり方をしていこう」―。2015年6月に社長に就任した私は16年の年頭、社員に「思い切った変革」を呼びかけました。製造工程を含め、変えていきます。技術・ノウハウの組み合わせを変えるだけで、違ったものができます。変えようとするエネルギーが創造性を育みます。その創造力が製品を早く完成させ

る「早造力」につながると思っています。

もちろん、その結果、利益が出れば利益分配金（ボーナス）で分配します。経営は社員の「わくわく、どきどき」を大事にし、そこからベクトルを決めていきます。必然的に、風通しの良い会社です。このような環境で思う存分、能力を発揮していただきたいと願っています。

会社DATA	
所 在 地	東京都新宿区西新宿6-22-1 新宿スクエアタワー30階
創業・設立	1968年2月設立
代 表 者	長見 善博
資 本 金	12億779万5,000円（東証2部上場）
従業員数	単体422名、連結891名
事業内容	ガス／液体クロマトグラフィーに関する装置・前処理装置・試薬・部品・消耗品・周辺装置・分析カラム、半導体製造装置用の高純度石英ガラス・結晶シリコンパーツ、非接触ICカードリーダーライターなど自動認識関連システム
U R L	https://www.gls.co.jp/

モノづくり

商社・サービス

建設・不動産

▶ 株式会社ハイオス

ねじをデジタルの世界に引き上げた世界的トップブランド
──スマートファクトリー実現を支える新機軸、一段の飛躍へ準備整う

ここに注目！

ねじ一筋に新製品を次々に投入してきた技術力
ロボット等の自動生産に向けたデジタル商品戦略

池井戸潤の小説「七つの会議」でカギとなった強度不足のねじ。コスト低減を求めるあまり、基準に満たない安価なねじを調達した企業犯罪を巡る物語だ。「ねじなんて、安ければいい」。そんな収益優先の企業姿勢に痛烈なしっぺ返しを喰らわした池井戸作品だが、ねじを軽視する現実世界に挑み続けたリアル企業がある。創業50年、ねじ締結分野で世界的トップブランドを築き上げた株式会社ハイオスだ。

ねじに関する知的財産権1500以上

ねじの歴史は古い。回転運動でモノを締結する優れた機能を持ち、工業製品だけでなく、身の回りのモノにもねじは多用され、今やわれわれの生活に欠くことのできない存在となっている。ねじは産業を支える〝巨大産業〟である。しかしハイオスの戸津勝行社長は、「玉子と同じで半世紀たっても値段は変わらず、安全や品質に直結するモノなのに、ねじを専門に研究している人は自分以外にまずいない」と、打ち明ける。何しろ戸津社長は、「この50年、朝から晩までネジのことばかり考えてきた」といっ筋金入りの研究者で、特許や実用新案など保有する知的財産権は1500件を超え、年間の権利維持費は1000万円超。ねじの世界に数々の新風を巻き起こしてきた。

まずは会社設立のきっかけとなった「トツねじ」。当時主流であったマイナスねじを改良し、頭のマイナス部中心に凹部を設け、ドライバーの横滑りを防ぐ画期的なねじを考案した。さらに、これも当時主流の空圧式ドライバーに代わる世界初の電動式ドライバー。コンプレッサー不要で精密なトルク制御が可能な締結工具として注目を浴び、特にコンプレッサーによる油の飛散を嫌う精密機器メーカーや、締め過ぎると割れてしまう樹脂を扱うセットメーカー等の採用が相次ぎ、トツねじと並ぶハイオス成長の原動力となった。

「ねじは元来不安定なもの。締めっぱなしでいいならリベットの方が良い。締めると同時に緩むのもねじ。締め過ぎれば材料が壊れるし、緩まない程度に『ちゃんと締めろ』と指示しても、作業者の経験知に委ねるしかない」と、戸津社長は、長くアナログが支配してきたねじ締め作業の現実を解説する。これに対し、ハイオスは、

社内風景

展示スペース

HIOS

電動ドライバー

HIOS PAT. ねじ

トツねじ、電動ドライバー、トルク測定器という一連のシステムで、ねじ締めにデジタルの世界を提示してみせたのだ。

最近は、顧客の安全意識の高まりから、安ければ良いという企業の調達姿勢は薄れつつあり、最新の電動ドライバー「熟練工」を用いてリアルタイムで1本1本の締結データをサーバに送り、ねじ締めの履歴を残すメーカーも増えている。デジタル化を通じて、ハイオスは、ねじに価格とは異なる別次元の価値を吹き込んだと言えるだろう。

十字ねじの限界見据えて星型形状の新ねじを開発

IoTやロボットを活用したスマートファクトリーが進むなか、「50年の集大成の時を迎えた」という戸津社長。自動化ラインの普及をにらみ、ねじ締結デジタル化の仕上げとして、新たに提案しているのがインタトルク。頭部が星形形状をしたねじで、日本ではヘクサロビュラと呼ばれており、インタトルクはこのねじの改良品。十字ねじの基本形状が誕生して85年、今なお広く使われている十字ねじは、ねじを回すときに実は押す動作（推力）を伴うが、推力を掛けることで様々な弊害を引

き起こし、正確な締結トルクの制御を阻害するという。さらに、ライン停止の懸念も拭えない。

インタトルクは、ビット先端部に、円錐型の傾斜ガイドを設け、自動的にビットをねじ中心部に誘導する仕組みで、真横にしてもねじは落下せず、推力不要で回転力だけで締結できる。ビットの磨耗が大幅に改善され数値監理することができる（デジタル化）。「アナログを徹底排除することが、デジタル生産の実現には不可欠」（同）で、すでにロボットメーカーなどから、引き合いが出始めている。スマートファクトリーを成功に導くハイオスの新たな挑戦は、始まったばかりだ。

｜わ｜が｜社｜を｜語｜る｜

代表取締役
戸津 勝行氏

10年、20年、30年先の技術ベースがある

ねじの世界は非常に奥深いものがあります。50年以上、ねじはどうあるべきかを考え、新たな発想を求めてきましたが、まだまだ終わることはありません。テーマは山ほどあるのです。もはや「高い」、「安い」というねじの時代は終わりました。モノづくりもデジタルの時代を迎え、当社にも大きなチャンスが到来しています。すでに10年、20年、30年先の技術のベース

は作ってありますが、これからは若い人の力とともに、新たな技術を世の中に出していくことが必要です。ぜひ自分の夢を作ってください。自由な発想で理想を追い求めてください。小さくても、ねじとドライバーで世界一の当社には、若い人の情熱をしっかり受け止め、夢をかなえる舞台が用意されています。

会社DATA	
所 在 地	東京都墨田区押上1-35-1
設　　立	1970年3月設立
代 表 者	戸津 勝行
資 本 金	2,000万円
従 業 員 数	100名
事 業 内 容	ハイオスブランド電動工具類、トルク測定機器類及びねじ類等の開発、製造
U　R　L	https://hios.com/

▲株式会社フェア

電子機器の製造をトータルで請負う技術集団
—— 企画・設計から製造・組立まで製品開発を一貫して受託

ここに注目！ 各工程の専門家が可能にする技術力と開発力
全工程の一貫受託によって生まれるスピード

　スマートフォンやテレビだけでなく、通信機器や医療機器、工作機械の制御装置まで、私たちの身の回りにはさまざまな種類の電子機器がある。それらの機器には電子回路やソフトウェア、プリント基板などが組み込まれているが、製品のライフサイクルが加速する中で、すべての生産工程を製造元のメーカーだけで賄えるとは限らない。電子機器・制御装置の設計から製造・検査まで全工程を一貫

して受託できるフェアは、そんなメーカーにとって力強い味方だ。電子機器の製品開発をワンストップで請け負う優れた技術で存在感を放っている。

開発は頭、営業は顔、製造は体

　「製品の生産工程を丸投げしたい」「自社では販売に集中し、設計製造は外注したい」「既存製品の製造を止め、新しい製品を開発

したい」——。電子機器の製造元には悩みが尽きない。製品の企画から、回路・ソフトウェア・機構・パターンなどの設計、パーツ調達、部品実装、製造・組立、検査まで、全工程を一貫して受託するフェアは、そんな製造元メーカーの悩みを解決する。CPUボードや通信モジュールなど、複雑な回路設計の製品にも応じ、制御・医療・通信分野など幅広く対応できる。

　そのようなワンストップの製品開発が可能なのは、「50名規模の各分野の専門スタッフを揃えているから」と関寛徳社長は言う。同社には開発・製造・営業の3部門がある。製品の企画、回路設計、ソフトウェア設計、機構設計、基板のパターン設計など設計全般を担当する開発部は、それぞれの工程のエキスパートが15名在籍。「こういう物がつくりたい」という顧客の要望に応じてソフトからハードまで設計を手掛け、製品の具体化を実現する。一方、部品実装、製造・組立、検査などの工程を担う製造部には、15名の熟練技術者が在籍。はんだ作業やパターンカット、マウンター作業など、設計図面に沿って実際に加工機械を用いて製品を組み立てる。そして、全部で15名ほどいる営業部は接客のプロ集団として、顧客からのヒアリングに始まり、パーツの入手調査、あらゆる部品の調達・選定まで幅広く担当する。「開発は頭、営業は顔、製造は体。それぞれの部門で一人ひとりがその道のプロとして動き、会

3DCAD(SOLIDWORKS)を使用しての機構設計。手のひらサイズから制御盤クラスの大型まで設計可能

電気回路図面とデバイスのデータシート、実装基板を写すことで、設計イメージを意識しています

BLE通信モジュール。IoTや様々な
データ通信の場で活躍.

NLCリーダー・ライター。入退室管理、
カード決済等に使用可能（FeliCa、Mifare）

当社製造設備。SMT(Surface mount
technology)。電子部品をプリント基
板に自動で実装（マウント）が可能

社という一つの体になっている」
と関社長は語る。それぞれの専門
家が集まった、少数精鋭の技術集
団といえる。

技術力とスピードで勝負

だが、個人技能の高さだけが同
社の強みではない。「会社として
技術力とスピードで優位性があ
る」と明かす関社長。まず、技術
力に関しては「社員の裁量に任
せ、好きなことをやらせている」
という。同社には先進的な気質の
社員が多く、「最先端のデバイス
（部品）を使いたがる」（関社
長）。こうした新しい部品は初め
はバグも起きやすく、一般的には
敬遠する技術者も多い。だが同社

ではバグを乗り越え、いち早く取
り入れることで会社全体が最先端
の技術を常にアップデートしてい
るのだ。

一方、スピードに関しては「す
べてを社内で行っているからこそ
のメリットがある」と関社長は言
う。同社では回路設計やパターン
設計、製造・組立など、各工程に
それぞれの専門家がいるため、お
互いの進捗を見ながら作業時間を
重複させて各工程を同時に進めら
れる。そのため、製作に費やす日
数の大幅な削減が可能となり、ス
ピード納品を実現できるのだ。も
しも別会社に各工程をそれぞれ外
注していたら、一つの工程が完結
するまで次工程を受け持つ会社に

渡せず、その分だけ時間が浪費さ
れる。工程を一貫受託するからこ
そ実現が可能な短納期と言える。

そんな「社員たちがなによりも
大切」と言い切る関社長。将来を
担う技術者の獲得にも積極的だ。
同社では3年ほど前から東京工科
大の生徒を招き、毎年2カ月程の
期間の実習制度を設けている。
「これまでに6人が実習に来て、
そのうち2人がすでに入社した」
（関社長）という。新たな人材も
増え、今後は医療分野にも積極的
に打って出るという同社。世界で
はIoT化の流れを受けて電子機器
の用途は広まっている。その追い
風を受け、同社の飛躍はこれから
も続く。

｜わ｜が｜社｜を｜語｜る｜

代表取締役社長
関　寛徳氏

医療機器分野の品質規格も取得し、受託可能な領域を拡大

「人と人をつなぎ、新しい製品を作
り出す」というのが弊社です。これま
でも制御装置や計測機器などの電子機
器分野で顧客の要望を叶える新しい製
品を生み出してきましたが、医療機器
の品質を満たすことを示す国際規格で
あるISO13485を新たに取得し、医療
分野での領域を拡大しました。すでに
超音波治療器や低周波治療器など、医
療関係機器の受託も増えています。常

に最先端の技術に触れることができ、
製品製造の工程を一貫して受託する同
社ではソフトとハードの技術を全体的
に俯瞰して見ることも可能です。様々
な分野での製品開発に携わることがで
き、若い人たちが先進的な技術を磨け
る環境です。

会社DATA

所 在 地：東京都東村山市久米川町1-34-34
創業・設立：1977年4月設立
代 表 者：関 寛徳
資 本 金：2,950万円
従業員数：50名
事業内容：電子機器・制御装置の設計から製造・検査まで全工程を一貫して受託
U R L：https://kk-fair.co.jp/

モノづくり

▲マイクロニクス株式会社

マイクロ波の技術を極めた世界的な計測器メーカー
—— 自由な発想から生まれる革新的なソリューション

ここに注目！

マイクロ波を技術の中心にした開発力
トータルソリューションを叶える自由な発想の社員力

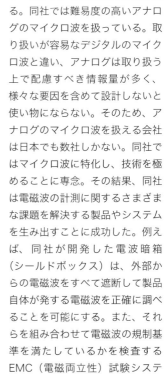

テレビや携帯電話、電子レンジなど、私たちの身の回りには数多くの電子機器があるが、これらの機器からは多かれ少なかれ電磁波が発生している。そして電磁波には人体に悪影響を及ぼしたり、電子機器の誤作動の原因となる場合があり、世界各国で規制基準が設けられている。そこで、電子機器の安全性を見極めるため、電磁波の正確な測定が必要となる。計測器メーカーであるマイクロニクスは、マイクロ波や高周波など電磁波に関する高度な技術を持つ会社だ。電磁波を正確に計測する電子計測器や高周波関連機器を世界へ向けて提供している。

マイクロ波の技術を中心にした製品開発

同社の主力製品の一つが、1999年に開発され、世界でも数社しかつくれないハンディタイプのスペクトラムアナライザだ。スペクトラムアナライザとは電磁波をグラフ化して表示できる精密な計測装置のこと。同社ではこれを携帯できるほどに小型化。手で持ち運べる大きさになったため、どこでも簡単に電磁波測定が可能となり、用途が大幅に拡大した。従来では困難だった屋外での計測も容易にできる。環境への電磁波の影響に配慮する世界的な意識の高まりを追い風に、同社の超小型スペクトラムアナライザは国内ではもちろん、世界中で使われている。

このような開発が可能なのは「マイクロ波を技術の中心に据えているから」と田仲克彰社長は語る。同社では難易度の高いアナログのマイクロ波を扱っている。取り扱いが容易なデジタルのマイクロ波と違い、アナログは取り扱う上で配慮すべき情報量が多く、様々な要因を含めて設計しないと使い物にならない。そのため、アナログのマイクロ波を扱える会社は日本でも数社しかない。同社ではマイクロ波に特化し、技術を極めることに専念。その結果、同社は電磁波の計測に関するさまざまな課題を解決する製品やシステムを生み出すことに成功した。例えば、同社が開発した電波暗箱（シールドボックス）は、外部からの電磁波をすべて遮断して製品自体が発する電磁波を正確に調べることを可能にする。また、それらを組み合わせて電磁波の規制基準を満たしているかを検査するEMC（電磁両立性）試験システムも開発。その他、有料高速道路

スペクトラムアナライザ製造工程の一コマ。1台1台丁寧に仕上げていきます。

納品後の保守・メンテナンスもお任せください。

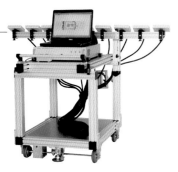

ETC路側機やITSスポットの電界強度を測定する試験機（ME9200）

電子機器の誤動作試験を行うための放射イミュニティ試験システム（MR2350）

ハンディタイプのリアルタイムスペクトラムアナライザ（MSA500シリーズ）

の入口／出口に設置されているETC（ノンストップ自動料金収受システム）や、カーナビに渋滞情報などを送るDSRC（スポット通信）の装置にも正常に機能しているかを試験するシステムが必要となる。そうした課題を解決するため、それらの試験システムも同社が開発。中でも、ETC試験システムは業界シェア95％を誇る。

自由な発想でよそにないものをつくる

これら時代のニーズを捉えた革新的な製品の開発を可能にしているのが、独自の自由な社風だ。「売り上げは追わない。よそにな

いものをつくる」と語る田仲社長。「効率を追うと自由な発想ができなくなる。社員一人ひとりが目の前の仕事をただこなすのではなく、自由な発想で新たな取り組みに挑戦することを奨励している」と言う。こうすることで社員が自主性を持って課題の解決に立ち向かうのだ。同社には開発・生産・営業の三部門があるが「自分の仕事だけに囚われず、お互いの領域を補完し合って一緒に課題の解決策を模索する」、そんな自主性の高いスタイルで業務が推進される。これにより、社員同士の相互理解が深まり、自身が担当する製品個別の知識だけでなく、開発

から生産・販売・校正・点検まで、全体を俯瞰した視野で自由に発想できるのだ。「（計測機器や試験機のユーザーは）検査装置そのものが欲しいのではなく、検査を行いたい」と指摘する田仲社長。機器を販売するだけに止まらず、個別のユーザーが抱える課題をトータルで解決可能な同社。その力の源は、業務全体をトータルで検討することを可能にした自由な社風にあると言えよう。今、同社は国内代理店18社に加え、海外代理店19社によるワールドワイドの販売網を構築。全世界に通用する「MICRONIX」ブランドへと成長している。

｜わ｜が｜社｜を｜語｜る｜

代表取締役
田仲 克彰氏

私でも考えつかない工夫を提案できる社員が増えてきた

マイクロ波関連の技術を基盤にして「よそにないものをつくる」という方針は今後も変わりませんが、従来の枠組みを超える製品も手掛けていきたいです。個人的には農業分野に興味があって、安全な野菜を育てるための土や光、肥料などを計測する仕組みの開発など、それくらい新しい展開も考えています。それには自由な発想を生み出せる社員が欠かせません。以前はす

べてに私の判断が必要でしたが、今は営業・生産・開発の各部署が自立的に機能する組織に成長し、部長たちが話し合って決めています。私でも考えつかない面白い工夫を提案する社員が数多く育っており、仕事を楽しんでいることを誇りに感じています。

会社DATA

所 在 地：東京都八王子市小比企町2987-2
創　　　業：1985年12月
代　表　者：田仲 克彰
資　本　金：3,000万円
従 業 員 数：23名
事 業 内 容：電子計測器・高周波関連機器のトータルソリューション
U　R　L：http://www.micronix-jp.com/

◢ワッティー株式会社

「ものづくり」を守るため、商社からメーカーへ
──半導体製造業界を支える提案型技術者集団

ここに注目！ 商社、熱システム、センサーの三本柱で安定経営
M&Aで中小企業の優れた技術を継承し、事業を拡大

仕入先の経営危機から
30年目の大転換へ

ワッティー㈱の創業は1967年10月。創業者の清水美知雄氏が脱サラで起業した火災報知器・消火器の販売代理店からスタートした。翌68年5月に京浜測器として法人化する。高度成長期の波に乗り、防災機器の販売で業績を伸ばす。創業30周年となる97年に同社の「大転換」が訪れる。液面レベルセンサーの仕入先が経営危機に陥ったのだ。別の仕入先を探すか、あるいは仕入れを断念して撤退するかの選択を迫られた。

しかし、創業者の決断は、そのどちらでもなかった。清水氏はサラリーマン時代に技術者として働いており、ものづくりの情熱を持っていた。「今は商社でいいが、将来のためにものづくりに進出しよう」と、仕入先をリストラされた技術者たちを採用してセンサーの製造に乗り出した。

同年に協力企業の技術者を招き入れて半導体製造装置向けヒーターなどを手がける製造子会社の㈱ワッティーも設立。本格的なメーカーとして新たな歴史を刻むことになる。だが、順風満帆とはいかなかった。センサー事業は好調だったが、ヒーター事業の㈱ワッティーは赤字が続く。RO膜（逆浸透膜）を使ってRO純水を精製する装置の組み立てなどで、なんとかしのいでいた。しかし、少しずつ製品の良さが理解されるようになると受注も増加。2006年には㈱ワッティーの累積赤字が一掃され、企業として独り立ちできる状況になる。

これを受けて07年1月に子会社だった㈱ワッティーを吸収合併し、新社名もそれまでの「京浜測器㈱」から「ワッティー㈱」に変更した。当時「なぜ、子会社の社名にするのか？」と不思議がられたが、「本気でメーカーを目指す心意気を示す」（菅波希衣子社長）ために敢えて製造子会社の社名を選んだ。新生ワッティーは㈱ワッティーの流れをくむ「熱システム事業部」、「センサー事業部」、祖業である商社部門の「特機事業部」の3事業部体制となった。

業績支える商社部門、成長
担うメーカー部門

熱システム事業部からは秒速250℃以上という超高速で昇温できるセラミックヒーター「Hi-Watty（ハイワッティー）」などのヒット商品が誕生して売り上げが拡大。現在は同社売上高全体の約30％を占めている。センサー事業部と合わせた製造部門では40％と、商社部門の60％に迫る勢いだ。

清水代表（創業者）と菅波社長

創業50周年記念式典 2017年(H29)7月

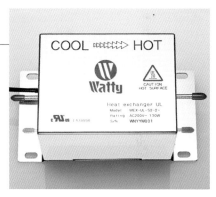

ヒートエクスチェンジャー

WBGT センサ

技術研究所

売り上げシェアでは10%のセンサー事業部だが、「伸びしろ」は大きい。従来の主力製品だった液面レベルセンサーから、21世紀の社会を変える「モノのインターネット」と呼ばれるIoTを支えるニッチな用途のワイヤレスセンサーへと事業を広げている。例えば温度センサーは食品関係で利用されると同時に、高齢者や子供の脱水症状による熱中症が起こりそうな状況になると警報を発するなど健康管理に役立つ。二酸化炭素（CO_2）センサーは新型コロナウイルス感染症の感染を引き起こす「密」の状態を察知して、換気を促す警告を出せる。今後の成長が期待できそうだ。

ものづくりへ進出して、まもなく四半世紀。今後も成長を続けていく上で、これまで以上に社員の力を引き出し、結集する必要がある。「創業時からいろいろなタイプの社員が多様性を発揮することで、非常にうまく回っている」と菅波社長は話す。さらには社員だけでなく、新たに別の「会社」も仲間に迎え入れている。いわゆるM＆Aだ。

2015年6月に温度センサーの一種である熱電対を手がけるアムニス㈱（横浜市）を100％子会社化した。2020年7月には半導体製造装置の内部周辺機器や機器内部ハーネス、各種ケーブルの製作などを手がける㈱韮崎電子（山梨県韮崎市）を100％子会社化している。

後継者のいない中小企業の技術をM＆Aで承継していく。社員の力を引き出し、社外の力も取り入れることで、多様な事業で成長を続けるワッティー。これからも「ものづくり」と「多様性」の両輪で、力強い前進を続けていくことだろう。

｜わ｜が｜社｜を｜語｜る｜

代表取締役社長
菅波 希衣子 氏

2～3歩先を見ながら1.5歩先のものづくり

今後の目標は「自分たちがやりたいことをやれる会社」になること。そのためには私たちの働きに見合った価格で製品が売れるようにしなくてはいけません。米アップルはすでにある商品ではなく、新たな市場を創造する商品を世に送り出し、自社の設定した価格で販売しています。顧客が新たな製品を生み出せるような部品を開発し、BtoB（企業間取引）のアップルを目指しています。これを実現するには商社では厳しい。メーカー部門の売上比率を引き上げていく必要があります。わが社は2～3歩先を見ながら、1.5歩先のものづくりをする。重要なのは人です。社員教育を充実し、社員一人ひとりが新たな価値を創造できる人材に育てたいと考えています。

会社 DATA	
本社所在地	東京都品川区西五反田7-18-2
創 業	1967年10月
代 表 者	菅波 希衣子
資 本 金	9,500万円
従 業 員 数	162名
事 業 内 容	センサーとヒーターの製造・販売、防災・防犯機器の販売
U R L	https://watty.co.jp/

株式会社10ANTZ

アーティスト×スマホゲームアプリの開発ベンチャー
——人気アーティストとファンをつなぐ新たなデジタルビジネスで急成長

ここに注目！
累計900万DLの人気アプリ「乃木恋」を企画・開発
ひらめきとモノづくりで勝負する自社完結型ビジネススタイル

通称「乃木恋」。正式タイトル「乃木恋〜坂道の下で、あの日僕は恋をした〜」は、人気アイドルグループの乃木坂46を題材としたスマートフォン向けのアプリケーションゲームだ。架空の学校「私立乃木坂学園」の芸能科クラスの唯一の男子生徒として入学し、乃木坂46メンバーのマネージャーを務めながらクラスメートとして距離を縮めていく恋愛シミュレーションゲームで、累計900万ダウンロード（DL）を突破。配信から5年近くが経過したいまもなお、「乃木坂46と本気で恋するスマホゲーム」として、乃木坂46ファンを中心に人気を集めている。開発したのは、モバイルコンテンツ開発ベンチャー（VB）の株式会社10ANTZ。2013年7月の会社設立以来、急成長を遂げている。

「もともと音楽系エンターテインメントの仕事が好き。デジタルとアーティストを掛け合わせて何かできないかと考え起業した」。10ANTZ設立の経緯をこう説明する高澤真社長は、大手レコード会社を経たのち、ITコンテンツ（VB）会社の取締役として上場に導いたことのある経歴の持ち主。デジタルコンテンツでファンとアーティストの気持ちをつなぐことを構想、そのツールとしてスマホゲームを活用することにした。「ライブでも映画やドラマでも、ファンはアーティストの情報発信を待つしかない。しかしゲームなら毎日楽しめる。つまりゲームを通じて日々アクティブにファンを動かすことをKPI（重要業績評価指標）に定め、同時にアーティストにも収益源を提供することで、双方がより身近に感じられる時間と空間を創出した」（高澤社長）と説明する。

例えば、乃木恋の場合、好みのメンバーと関係を築いていく流れをストーリー仕立ててゲーム化し、そこで展開されるさまざまなシチュエーションに応じてメンバーの撮り下ろし写真や、映像ドラマなどの限定コンテンツを提供。特に映像の領域に関しては、話題の監督を起用するなど、スマホゲームの枠を超えたモノづくりを意識してきた。また、定期的にリアルイベントやコンビニエンスストア等とのコラボを通じてリアル店舗とも連動させることで、ファンは既存メディアにはない特別な価値を楽しめる。ゲーム攻略の要所に課金ポイントを設定してマネタイズする仕組みだ。乃木恋

アリが10匹「ありがとう」で10ANTZ。1匹では非力でもチームワークを活かし、最初（A）から最後（Z）までモノづくりに誠実に取り組んでいく。

エンタメ業界におけるDX推進のリーディングカンパニーを目指す。

職種の垣根なく話し合うことで生まれる企画やアイデアを大事にしている。

アーティストに寄り添い、その活動をサポートすることが10ANTZのミッション。

以外にも、日向坂46公式恋愛ゲーム「ひなこい」や人気ドラマのスマホゲームアプリなど、数多くのスマホゲームを配信している。

　最大のポイントはアーティスト・ファンの双方を深く理解し、ファンを喜ばせる企画が出せる力と、クォリティに拘って自前でモノづくりが出来る力。「ゲームありきではない。アーティスト・ファーストの姿勢を貫いている」（髙澤社長）と言う通り、アーティストに新たな魅力をプラスする独自のコンテンツを自社完結で企画、開発してきた。これが10ANTZの差別化と強みになっている。一方、公式コンテンツとしてアーティストとの信頼関係も

不可欠。10ANTZ の担当者はメンバーそれぞれのエピソード、あるいは好みや思いなどを集めて、さまざまなかたちでストーリーコンテンツに落とし込んでいる。髙澤社長は、「コンテンツのかなりの部分は手作り。毎日新たなコンテンツを配信し続ける必要があるので、楽しくても楽な仕事ではない」と語る。

　100万DLを突破すれば、大ヒットされる市場のなかで、アーティストを対象にしたモバイルゲームという新領域を打ち立てた10ANTZ。新型コロナウイルスで加速するオンラインシフトや、5G携帯によるデジタル化の進展を見据え、「今後はゲームの枠に

とらわれないエンタメを作る」という髙澤社長。エンタメにおけるDX（デジタルトランスフォーメーション）推進企業として、大きく成長するストーリーを描いている。さらにアジアを中心とする海外市場への進出も検討中で、2022年度にも着手したい考えだ。まずはアーティスト×ゲームアプリで築いた事業基盤を強化し、オンライン化の流れを利用した総合的なデジタルエンタメ企業として、将来は株式上場も視野に入れる。「ひらめきとモノづくりで、世界中に新たな感動を」と掲げたビジョンの実現に向けて、10ANTZの第2幕が始まろうとしている。

| わ | が | 社 | を | 語 | る |

代表取締役社長
髙澤　真氏

エンタメのプラットフォーマー目指す

「ファンとアーティストの"ありがとう"をつなぐ」ことをミッションに、モバイルゲームを通じた新たなコミュニケーションのカタチを創り出してきました。けれども私たちはゲーム会社ではありません。アイデアと技術で両者をつなげる多様な舞台づくりと、新たな価値を提供していくことが、私たちの仕事です。エンタメが好き、アーティストが好きというのはも

ちろんのこと、新たなモノを生み出すことにチャレンジしていける高い気概と熱量も必要です。私たち10ANTZは、リアルとデジタルコンテンツの融合を通して、エンタメ・アーティストビジネスのDX推進プラットフォーマーを目指していきます。

会社 DATA	
所　在　地	東京都渋谷区渋谷3-12-18 渋谷南東急ビル4階
創業・設立	2013年7月設立
代　表　者	髙澤　真
資　本　金	5,144万円
従業員数	122名（2021年1月現在）
事業内容	モバイルゲーム事業、スマートフォンサービス事業、映像コンテンツ事業、コンテンツプランニング事業
Ｕ　Ｒ　Ｌ	https://10antz.co.jp/

株式会社アコーディア・ゴルフ

日本におけるゴルフ業界のリーディングカンパニー
──ゴルフを気軽に楽しめるスポーツに

ここに注目! グループで国内最多、世界第3位169カ所のゴルフ場を運営
ゴルフ運営会社として売上日本一、収益力日本一

日本のゴルフがいま、大きく変わりつつある。ジュニアからシニア、そして女性を含め、誰もが気軽に楽しめるスポーツへ。ゴルフ場運営の国内最大手である株式会社アコーディア・ゴルフは、様々なプレースタイルの提案や、テクノロジーの活用、リーズナブルな料金設定などチャレンジを続け、ゴルフ業内に新しい風を吹き込んでいる。

ゴルフ業界において科学的手法で世界をリードする企業

グループで国内最多169カ所のゴルフ場と28カ所のゴルフ練習場を運営するアコーディア・ゴルフは、ゴルフ施設に付随するショップ、レストラン、ホテル等も運営するゴルフの総合サービス

1. フロントスタッフ
169カ所のゴルフ場と28カ所のゴルフ練習場では、スタッフが笑顔でお客様をお迎えします。

2. 湯の浦カントリー倶楽部
2020年3月期の全国ゴルフ場入場者数は873万人で、ポイントカード会員も400万人を突破。

を展開している。2019年に世界最高峰のゴルフトーナメントである「PGA TOUR」の日本初公式戦であるZOZO Championshipがアコーディア・ゴルフ習志野カントリークラブで開催され、タイガー・ウッズと松山英樹が優勝を争ったのは記憶に新しい。また、2017年からは米国シニアツアーPGA TOUR Champions も成田ゴルフ倶楽部で定期的に開催している。

同社は2003年のブランド開始以来、新しいビジネスモデルを展開してきた。それは年齢や性別を越えて誰もが気軽に楽しめるゴルフ環境をリーズナブルな料金で提供するという、日本のゴルフをスポーツ・レジャーに変える取り組みである。カジュアルでシンプルなゴルフスタイルを提供するために、誰もがプレーしやすい環境の整備に注力してきた。

ほぼ全部のゴルフ場でゴルフカートとカートナビの導入、一目で分かるヤーデージ杭の色、ピン位置による旗の色分け、自動チェックイン機・自動精算機の導入、など、人手のかかるサービスを極力減らし、カジュアルゴルフを実現するための施策を業界で先駆けて導入してきた。

また優れたコストパフォーマンスを実現するためには、良いコースコンディションが不可欠である。ゴルフカートのフェアウェイ乗り入れを積極的に実施する同社では、高い稼働率でありながら安定したコースコンディションを提供するために、2015年に芝質専

3.カジュアルなゴルフ
カジュアルでシンプルなゴルフサービスは、女性や若い方など多くのお客様に支持されています。

4.コース管理風景
卓越されたコース管理技術で世界最高峰のゴルフトーナメント「PGATOUR」を支えます。

5.カートナビ
カートナビでは残りの距離表示やスコア入力ができ、セルフプレーの心強い味方です。

門の技術研究所を開設し、すべての運営コースの芝を科学的な手法により一元管理している。データに基づく品質管理システムを構築して、良いコースコンディションを低コストで保つコース管理技術を確立した。その管理技術はPGA TOURのトーナメントでも活かされ、世界のゴルフ場専門家の称賛を集めた。

マーケティング施策においても新しいスタイルを確立した。業界に先駆けWEBによる集客を導入し、これに加え、ホテル業界では常識とされているレベニューマネジメントを導入している。蓄積された需要データと天候や近隣価格を科学的に分析した需要予測により価格を変動させている。市場平均50%といわれる稼働率に対して平均稼働率80%以上と日本一の集客力がある。

能力のある人材の育成でいい会社から「すごい会社」へ

若い30代・40代の支配人が多いのも同社の特徴である。新入社員研修、次期管理職研修、管理職研修、コンプライアンス研修など、様々な研修プログラムを展開している。女性が対象の研修制度もある。努力できる人材を抜擢する同社では、新卒採用だけではなく中途採用にも力を入れている。

同社グループの新たな企業理念では「いい会社」から「すごい会社へ」の変革を掲げている。「すごい会社」を「挑戦と変革を恐れない企業」と定義し、社員が主体的に新しい何かに取り組む企業風土の醸成に取り組む。この企業理念には「笑顔」「挑戦」「団結」「全力」「改善」の5つの行動指針があり、これらを考案したのは若手社員たちだ。コストパフォーマンスに優れたゴルフライフを提供しながら収益を上げていくためにサービス、集客方法、ゴルフ場運営の全てを時代に合わせて変化させていく、継続的に挑戦し続ける姿勢が表れている。

| わ | が | 社 | を | 語 | る |

代表取締役会長兼社長 CEO
田代 祐子 氏

社会のニーズを的確にとらえスピーディーに変革

2003年の設立以来、年齢や性別を越えて誰もが気軽に気軽に楽しめるシンプルスタイルのゴルフ環境、リーズナブルでありながらコースコンディションの良いコストパフォーマンスに優れたゴルフ環境を提供するビジネスモデルを構築してきました。2020年3月期の弊社運営・管理するゴルフ場の入場者数は873万人で、業界トップの実績を誇ります。ポイントカード会員は400万人を突破し、日本のゴルフ人口の半分に当たります。コロナ禍でも多くのお客様にご支持いただけるのも、社会のニーズを的確にとらえスピーディーに変革してきた結果にほかなりません。今後も業界のリーディングカンパニーとして、あらゆる可能性にチャレンジし続ける所存です。

会社DATA		
所 在 地	:	東京都品川区東品川4-12-4 品川シーサイドパークタワー
創業・設立	:	1981年9月設立（2003年5月に商号を変更）
代 表 者	:	田代 祐子
資 本 金	:	5,000万円
従 業 員 数	:	10,535名（2020年3月期現在）
事業内容	:	ゴルフ場の運営・管理
U R L	:	http://www.accordiagolf.co.jp/

■株式会社温故知新

泊まることが目的の「究極の宿」を創出
──コロナ禍のピンチもプラス効果で乗り切る

ここに注目！ ”東京マネー“ の地方還流を実現する宿泊ビジネス
初のシャンパンホテル、ケイリンホテルを開業へ

コロナ禍のダメージが直撃し、窮地に立たされているのが航空・鉄道、飲食、観光、宿泊などサービス業の数々だ。その一つ、宿泊業を生業とする温故知新は、「もちろんコロナに振り回されるど真ん中にいるが、コロナがプラスに作用する面もある」（松山知樹社長）と、決して悲観一色ではない。設立10年の節目を超えて、今、新たな成長戦略を実行に移している。

大しけの荒海へ船出

同社はボストンコンサルティンググループや星野リゾートで、宿泊業の支援・運営などのキャリアを重ねた松山社長が2011年2月に創業した。創業の翌月にはあの3.11東日本大震災に遭遇し、大しけの荒海への船出となった。

新会社が掲げた事業は、社長自身の経験や培った人脈が生きるホテル旅館のプロデュース、運営受託、コンサルティングなど。ただ、創業1カ月で東日本大震災が起きたことから、設立からしばらくは、東北の復興支援に関わるコンサルが主要な取り組みとなった。松山社長は、この時の経験を「バランスシートなど金融面の理解が深まり、貴重な体験になった」と振り返る。

現在、同社は、建築家・安藤忠雄氏設計の元美術館をホテルに改装した瀬戸内リトリート青凪（あおなぎ）（愛媛県松山市）をはじめ、箱根（神奈川県箱根町）や壱岐（長崎県壱岐市）で自らプロデュースした宿泊施設を運営している。国内系ホテルで初めてミシュラン最高評価の5レッドパビリオンを獲得した青凪を筆頭に、国内外で数多くの賞を受賞している実力は折り紙つきだ。コンセプトは「デスティネーションホテル」、つまりホテルに行き、そこに泊まることが目的となる究極のホテルを標榜している。

併せて、著名な旅館の再生でも実績を重ねている。歌手の竹内まりやさんの実家として知られる出雲大社正門前の「竹野屋」（島根県出雲市）や、長野県高山村山田温泉の老舗「藤井荘」がその代表例となる。

地方に素敵な宿をつくることは、地域おこし・地方活性化に直結する。「地域の特産品、埋もれた技、守るべきもの…その光を見つけ、磨いて具現化し、宿を通じて国内外へ届ける」とは同社の

「ミシュランガイド福岡・佐賀・長崎2019特別版」で紹介された離島で唯一の5つ星『壱岐リトリート 海里村上』

建築家・安藤忠雄氏設計の元美術館をホテルに改装した『瀬戸内リトリート青凪』

Instagramなどでもファンが多い箱根
リトリート före & villa 1/f

岡山県玉野競輪場と一体型の「KEIRIN
HOTEL 10」2022年春開業予定

クリエイティブ・ユニークな人募集。
個性豊かな人たちの集団を目指します。

キャッチコピーの一つだ。

　地方の活性化に関して、松山社長は「東京一極集中が進み、大阪もone of地方都市になってしまった今、アンチ東京の立ち位置から、東京のマネーを地方に還流させたい」と話す。米国デトロイトで生まれ、18歳まで大阪で育った生い立ちがアンチ東京を醸成したようだ。

国内の富裕層を呼び込む

　2020年からの新型コロナのパンデミックは、あらゆる社会・経済活動に大きな影響を及ぼし、宿泊業にも甚大なダメージを与えている。同社も「かつて経験したことがないほどの予約キャンセルに見舞われた」（松山社長）と、強烈なパンチを食らっている。その一方で、Go Toキャンペーンの恩恵を受けるなどで、過去最高の稼働実績を挙げた月もあり「ジェットコースターのよう」（同）という大波の中に身を置いている。

　コロナ下でも過去最高を達成できたのは、インバウンド（外国人観光客）に過度には依存していないのが大きな要因となる。箱根のインバウンド率は50%ほどを占めるが、瀬戸内・青凪のそれは10%台。そのため、「コロナで海外に行けなくなった国内の富裕層が、国内のいい宿を求めて来てくれる」（同）と、コロナのプラス効果も出ている格好だ。

　創業10周年の節目を超えて、同社は新規プロジェクトを次々と立ち上げている。まず、2021年秋、大阪・心斎橋にシャンパンをテーマとする「Cuvée J 2 Hôtel Osaka」をオープンする。2022年春には岡山県玉野市に玉野競輪場と一体型の「KEIRIN HOTEL 10」を開設する。

　どちらも日本初の試み。そのうちKEIRIN HOTEL 10は、客室から競輪レースを観戦でき、競輪選手の宿泊施設ともなるもので、競輪を運営する玉野市との官民連携プロジェクトの一環として具体化した。

　将来的には30ほどの宿泊施設を運営したいとする松山社長は、パンデミックが収まった段階での海外展開も視野に入れている。また、信用力を高める狙いの株式公開も射程に入っている。

| わ | が | 社 | を | 語 | る |

代表取締役
松山 知樹氏

入社したことを誇りに思える会社に

　10年前、会社設立の直後に東日本大震災が起きて、最悪の事態から立ち上がったのが当社です。そのため、今回のコロナ禍のような非常事態への耐性がついていて、ピンチをチャンスに変えられると自負しています。ベンチャーの常で、これまでは中途採用ばかりでしたが、10年の節目を超えて、これからは新卒の採用に力を入れます。

　入社したことが誇りに思える会社にしていきます。当社はまだ「知る人ぞ知る」といった会社で、入社する際のハードルは高くはなく、今がチャンスです。求める人材は、クリエイティビティに自信のある人、ユニークな人。多様性が企業の活力を生むもので、個性豊かな人たちの集団を目指しています。

会社DATA

所　在　地：東京都新宿区新宿5-15-14
創業・設立：2011年2月設立
代　表　者：松山 知樹
資　本　金：4,607万円
従業員数：約140名（出向者含む）
事業内容：ホテル・旅館のプロデュース、運営受託、コンサルティング
U　R　L：https://okcs.co.jp/company/

株式会社ギフティ

eギフトのサービス展開で「ありがとう」の縁を育む
──プラットフォーム構築でeギフト市場を牽引

ここに注目！
eギフトの発行・流通・販売を一気通貫で行えるプラットフォームの構築
eギフトの利用者と発行企業を相乗効果で増やせる提案力

「知人の誕生日に花束を贈りたい」「仕事を手伝ってもらったお礼として同僚にコーヒーを1杯おごりたい」──。そんな感謝の気持ちを誰しも抱いたことがあるだろう。だが、社会人になるとちょっとした気持ちを伝えるのも容易ではない。友人やテレワーク中の同僚にわざわざ会いに行くのもはばかられる上、店舗購入などの手間も掛かる。eギフトのプラットフォーム事業を営むギフティは、メールやSNSのメッセージに添えて個人間でギフトを贈ることができるeギフトサービスを手掛ける。日頃の小さな感謝の気持ちを添えてオンラインでギフトを贈る、そんな新しいサービスが評判となり躍進している。

eギフトを発行・流通・販売できるプラットフォーム

2010年に設立し、2011年から『giftee』のサービスを開始したギフティ。米国シリコンバレーの企業を参考にし、「社会のために役に立つことを念頭に置いて、事業を始めた」と創業者の太田睦代表取締役CEOは語る。

同社が運営するeギフトプラットフォーム事業には、4つの柱がある。①個人ユーザーがインターネットでeギフトを購入できる『giftee』サービス。②キャンペーンなどのインセンティブとして法人がeギフトを購入する『giftee for Business』サービス。③飲食店や小売店などのブランドがeギフトの生成・販売・実績管理を行えるシステム『eGift System』。加えて、④デジタルソリューションで自治体の活性化を促す『Welcome! STAMP』サービス。①と②は、個人向け・法人向けの違いはあるが生活者が最終的にeギフトを受け取るサービスである。一方、③と④は、コーヒーやスイーツ、花束などの商品をeギフトとして発行したり、地域通貨や地域クーポンを電子化し発行・流通させるための発行企業・発行主体向けサービスだ。これら全体を「eギフトプラットフォーム事業」と位置付け、eギフトの生成・流通・販売までを一気通貫で行う。4つのサービスのうち、成長のド

ライブは、②『giftee for Business』だ。本サービスを推進するチームに所属する江口さんは、エンジニアとしてeギフトと組み合わせて提供するツールやソリューションの開発を手掛けている。商業施設の福引などでよく見る"ガラポン"をスマートフォン上で運用可能なシステムとして提供し、貯まったポイントをeギフトと交換できる仕組みにも携わった。「ギフトは、あげる側ともらった側の双方が幸せな気持ちになれる。『giftee for Business』は、自信を持って"人の役に立つ"と言えるプロダクト。若手でも設計から開発まで一気通貫で任せてもらえるのはギフティの魅力」と江口さんはやりがいを語る。また、ギフティは次なる成長のシードとして、ベンチャー企業への出資や新規事業の創出も進めている。ギフティが初の新卒採用を実施した2017年に入社した此下さんは、入社4年目にして、eギフトプラットフォームを拡大するためのパートナー企業への出資と業務提携、新規事業の立ち上げなどを、

ギフティが運営するeギフトの販売WEB/アプリサービス「giftee」

eギフトプラットフォーム事業の主力となる4つのサービス

①gifteeサービス 個人向け
「ありがとう」「おめでとう」「おつかれさま」などのキモチにギフトを添えて、メールやLINE、Twitterなどを介し、直接会えない相手や、住所を知らない相手にも気軽に送ることができるサービス。

②giftee for Businessサービス 法人向け
法人が実施する各種キャンペーンの景品や謝礼として、コンビニの商品やコーヒー等のギフトをこれまでの郵送等の手段に代えて、LINEやメールで簡単に遅れるサービス。

③eGift Systemサービス 小売店向け
eGift Systemは、店頭での引換えが可能なeギフトの生成、および生成したギフトを自社サイト上で販売するためのシステムで、主に飲食店・小売店に提供。

④地域通貨サービス 行政・自治体・地銀向け
紙発行の観光通過等の電子化。ふるさと納税のeギフト化、電子モビリティチケットによるキャッシュレス化等のソリューションを提供。

エンジニアとして法人向けの「giftee for Business」の開発を担当する江口さん

事業本部でアライアンスや出資、M＆Aの推進などを担当する此下さん

共同代表の鈴木達哉COO直下で担っている。「意思決定をする立場の方と対話できる機会が多いのもギフティの魅力。eギフトプラットフォームの拡大と、更なる付加価値を生むためにクライアントやエンドユーザーが中長期的に求めているものを探求し続けている。このスタンスが、結果的に事業の更なる成長と拡大につながっていると思う」と此下さんは語る。

発行者と利用者の相乗効果で市場を拡大

2020年12月期時点で会員数が161万人まで拡大した『giftee』サービスが取り扱うeギフト商品は、コーヒーやドーナツな

ど、数百円程度の価格帯が中心。贈る側は「giftee」アプリまたはウェブブラウザ上でギフトを選択し、クレジットカードやキャリア決済などで購入。メールやSNSで送付できる。送付の際には、「おめでとう」「ありがとう」などデジタルのメッセージカードを付帯できる。受け取った側は、ギフト画面を店頭で提示すれば商品を受け取ることが可能だ。

一方、飲食店や小売店は『eGift System』を導入することで、自社のeギフトをホームページやスマートフォンアプリで販売できるほか、ギフティの流通網を活用しeギフトを販売することができる。

それゆえ、eギフト利用者・利用企業が増えれば、『eGift Sys-

tem』を導入したeギフトの発行企業の販売額も増加するなどメリットが大きい。また、その結果eギフトの発行企業が増えれば、取り扱うブランド数や商品アイテム数が増えることになり、利用者にとっても大きなメリットだ。「eギフトの発行企業には、販売チャネル・流通網を提供。利用者や利用企業には、豊富なコンテンツ（商品アイテムやブランド）。eギフトを通じて両サイドにメリットを提案できるのが弊社の強み」と太田CEOは明かす。eギフトをきっかけに人と人の関係を強めるギフティ。eギフトの発行企業と利用企業、利用者を相乗効果で増やし、eギフトという新しい市場を大きく切り開いている。

|わ|が|社|を|語|る|

代表取締役 CEO
太田 睦氏

気軽にギフトを贈りあう習慣や文化を創出する

ギフティは、『eギフトを軸として、人、企業、街の間に、さまざまな縁を育むサービスを提供する』というビジョンのもと、eギフトプラットフォーム事業を国内外で展開しています。「伝えたい気持ちに添えて離れた相手にコーヒーを一杯贈りたい」という思いから着想を得て『giftee』をサービス化しました。ライフスタイルの変化やテクノロジーの発展により、

eギフト市場は堅調に拡大しており、2021年現在は、個人向けのサービスに加え、法人向けおよび自治体や特定地域向けのeギフトサービスにまで順調に事業領域を拡大し、付加価値を高める関連ソリューションも多く開発しています。ギフティは、eギフトの普及を通し、日頃の気持ちを伝える手段として気軽にギフトを贈りあう習慣や文化の創出を目指します。

会社 DATA

所 在 地：東京都品川区東五反田5-10-25 齊征池田山ビル2階
創業・設立：2010年8月設立
代 表 者：太田 睦
資 本 金：15億6,700万円（東証1部上場）
従業員数：137名（2020年12月31日現在）
事業内容：インターネットサービス事業
U R L：https://giftee.co.jp/

シーレ株式会社

アニメやゲームのファンが集うコラボカフェの快進撃
——著作権を活用した世界観の再現でファンを魅了する新サービス

ここに注目！

作品の世界観を提供する演出力
逆風をチャンスに店舗数を伸ばす展開力

アニメや漫画、ゲームをはじめとする日本のポップカルチャーは、世界からも高い評価を受け、今や日本を代表するエンターテイメント産業だ。それぞれの作品に根強いファンが存在し、登場する人気キャラクターには個別のファンも多い。そんなアニメやゲームの世界観を店内装飾やメニューに取り入れ、作家とのコラボで限定グッズを販売するカフェがある。エンターテイメントと飲食店を融合したコラボカフェを全国で展開するシーレは、ファンにとっては夢のようなコラボカフェを実現し、飲食店にとっては逆境のコロナ禍においても快進撃を続けている。

作品の世界を3つの体験で演出

コラボカフェとは、アニメやゲームなどの版権元と協力し、店舗内で作品のキャラクターやイラストなどのコンテンツを用いたサービスを提供するカフェのことだ。これまでにも、店舗に作家を呼んだり、グッズを販売する店はあった。だが、シーレのコラボカフェは従来とは一線を画す。店内にアニメやゲームにおける非日常の空間を演出し、店を訪れたファンから熱烈な支持を受けている。同社では「3つの体験を提供している」と鎌田由佳社長は語る。1つ目は空間演出だ。同社の店舗内では、作品の世界観に合った空間装飾を施し、家具や小物で作品の1シーンを演出するなど、「コンテンツへの没入体験を提供している」（鎌田社長）。2つ目は料理。作品に登場する飲食物やスイーツをリアルに再現するなど、作品に沿った飲食体験を提供する。店内では、主人公とヒロインが初デートで食べた料理など、作品世界を想起させるメニューが並ぶ。飲食店経験者が多く揃っていた同社は、メニュー開発や食材選び、調理も本業だ。味もおいしく、見た目にも映える料理が提供できる。だからこそ可能なメニュー作りと言える。3つ目が限定グッズだ。人気作家とコラボして、描き下ろしのイラストが描かれたコースターなど、ここでしか買えない限定グッズが手に入る。店を訪れるファンたちは、店内装飾で作品の世界観に浸りながら食事を楽しむ。限定グッズを求めて何度も来店し、ファンの間で"神"と呼ばれるヘビーユーザーもいるという。その上、店内では約1カ月毎に作品内容が入れ替わる。一つの

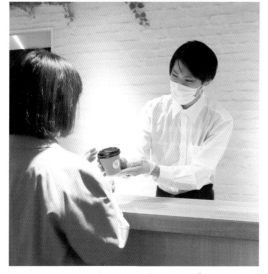

テイクアウトでもお楽しみいただけるコラボレーションメニュー

落ち着きのあるウッド調の外観

新規オープンした「OTA★ラボ CAFE」羽田空港第1ターミナル店

「OTA★ラボ CAFE」羽田空港第1ターミナル店店内

作品は期間限定でしか体験できないため、付加価値も高い。「作品毎に違うファン層を呼び込むことも可能」(鎌田社長)。

このような店づくりが可能なのは、同社がアニメやゲームの版権元から使用許諾を得ているからだ。アニメや漫画、ゲームの利用には、著作権や知的財産権が発生する。同社ではコラボカフェを版権元との共同事業として交渉することで、様々なアニメやゲームなどのコンテンツを店舗で使用できるのだ。「出版社には著作権があり、シーレには、料理や接客、店舗を運営する人材やノウハウがある」と鎌田社長は指摘する。両者

が協力することでコラボカフェという新たなサービスが展開でき、お互いの利益を生み出せるのだ。

逆風をチャンスに変えて店舗数を拡大

同社が展開するコラボカフェは「OTA☆ラボCAFE」「アニぱらCAFE」のブランド名で知られる。東京・大阪・名古屋などの各都市に店を構え、百貨店や空港内、観光地などを中心に店舗数を次々と増やしている。2020年年末には4店舗だったが、2021年年明けには全国で13店舗以上となった。2020年は新型コロナウィルスの影響や緊急事態宣言に

より、飲食業にとって逆風の年だ。だが、そんな逆風をものともせず、シーレは快進撃を続けている。「むしろ、こんなに飲食店にとってチャンスの時代はない」と語る鎌田社長。「本来であれば空き物件が出るはずのない優良立地の物件と交渉がしやすくなった。物件取得がやりやすい」と意欲的だ。今後も全国の主要都市を中心に店舗数を増やしていく構えだ。

日本のアニメやゲームは海外でも人気が高い。いずれ新型コロナが終息すれば外国人観光客も戻ってくるだろう。逆風の下でも次なる展開に備えて手を打つシーレの快進撃は今後も続きそうだ。

|わ|が|社|を|語|る|

代表取締役社長
鎌田 由佳氏

社員の条件はアニメやゲーム好き

アニメや漫画、ゲームなどのファンは、それぞれの作品の世界観をとても大切にしています。そのため、シーレの社員募集では「アニメやゲーム好き」という条件を掲げていて、社内には私も含め、アニメやゲームが大好きな"オタク"がたくさんいます。ですが、来店するファンが大切にする作品の世界観を、社員も共感できる方が店内の演出や接客にも活かせます。ただ

し、それだけではありません。単に作品にちなんだ食べ物を出すだけでなく、シズル感の高い本当においしい料理を提供し、心のこもったおもてなしをしたい。店内の装飾や演出に力を注ぐのもそのためで、店内での飲食体験そのものが素敵な思い出となるように心掛けています。

会社DATA		
	所 在 地：	東京都港区麻布十番 2-10-3 マイスクエアビル 3F
	創業・設立：	2018年5月設立
	代 表 者：	鎌田 由佳
	資 本 金：	4,800万円
	従業員数：	150名
	事業内容：	飲食店運営・エンターテイメント事業
	U R L：	http://www.cele.jp/

ミス・パリ・グループ（株式会社シェイプアップハウス）

ビューティ＆ウェルネスを科学的に探究
―― 魅力ある人間力を育成しお客様の信頼を勝ち取る

ここに注目！
顧客の喜ぶ姿をひたすら追い続ける DNA
技術と理論で美と健康の融合を提供

人は誰でも「若く、美しく、健康でいたい…そんな思いを少しでも叶えたい」。この思いを実現するために日夜奮闘しているのが、顧客満足度トップクラスのエステティック総合商社「ミス・パリ・グループ」だ。1982年に大阪難波に女性向けサロン「シェイプアップハウス」をオープンさせ、質の高い痩身エステで瞬く間に業界をリードする存在となった。「お客様の声に真摯に耳を傾けること。そしてそれを実現させること」（下村社長）。これが成功の秘訣と語る。

シェイプアップハウスに続き、1986年には男性専用エステの草分け「ダンディハウス」をオープン。シェイプアップハウスを利用している女性顧客から"うちの主人を痩せさせて！""息子のニキビを治して！"といった声から生まれた。当時、男性向けエステは世界的にも珍しく、フランスやロシア、香港からも取材が来たという。

すべてはお客様の笑顔

銀座のど真ん中に構える本社ビル。現在は5ブランドで全国展開し、中国や台湾にも店舗展開するほか、多くの著名人らを常連顧客に持ち、業界屈指の企業グループに成長した。「こうしたらもっと売れるとか、こうやったらもっとお客が来るとか、自分から考えたことはない。すべてはお客様。『お腹の脂肪が取れない』、『二重アゴをすっきり見せたい』といった要望に、勉強を通して応えようとしてきただけ」。淡々と語る下村社長には、事業の拡大に向けた欲は見当たらない。顧客の悩みを解決し、顧客の喜ぶ顔が見たいという、経営者らしからぬ無邪気な気持ちひとつで走り抜けてきた。

店名に"ハウス"という言葉を使っているのも、「お客様が安心して寛げる第2の家」を目指しているからだ。エステティシャンの知識や技術力、礼儀正しさもさることながらお客様に寄り添い、多くのコミュニケーションを図ることで、お客様をよく知り、さらなるニーズを形にしていく。これが同社接客の基本姿勢。「お客様の喜ぶ全てのことをやろう！」と決めている。（下村社長）。

店舗展開を関西地区から、東京進出と全国展開へ舵を切ったのは、1995年1月の「阪神淡路大震災」で営業継続の危機を味わったことによるリスク分散。神戸店などの店舗の再開がままならないなかで、東京進出を決断した。

すでに東京から出張の折に来店する顧客もいたため、同年9月の東京渋谷店のオープンでは、2か月でお客様が満杯となり、新宿・

銀座4丁目交差点にほど近い晴海通り沿いのミス・パリ本社ビル

お客様に最高のサービスを提供するため、スタッフ間のコミュニケーションも積極的に実施

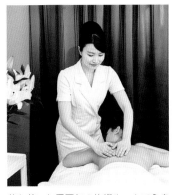
落ち着いた雰囲気の施術ルームで心身ともにやすらぐひとときを提供

2023年4月の開学を目指す大学予定地。現在はビューティ＆ウェルネス研究所を立ち上げ、美についての講演会などを開催

池袋と急いでオープンすることになった。2009年より、海外展開もスタートさせた。下村社長は「海外も同じこと。新たな市場を求めてというよりも大切なお客様が通えるサロンを作らなければと思った。その頃はアジアへ出張されるお客様が増え、せっかく日本で減量しても海外で食事制限も忘れて体重が逆戻り。お客様の監視も兼ねた海外出店でした。」と説明する。

エステティックを学問へ

社員教育にも力を入れてきた。1990年より同社が経営するエステティックスクールは、2008年に学校法人化。お客様が安心して任せられるプロフェッショナルエステティシャンを育成する一方、2020年10月には「ビューティ＆ウェルネス研究所」を設立。美容と健康をサイエンスとして捉え、「ビューティ」と「ウェルネス」が人々の人生の豊かさや、幸福感にどのように関連しているかを研

究していく。また2023年には、美と健康の融合をアカデミックな視点から探究し、QOL向上のプロフェッショナルを育成するための専門職大学（横浜市都筑区）の開学を目指している。「ビューティウェルネス学として美容を学問に昇華させていきたい」という下村社長。そこにあるのは、エステティシャンとして働くスタッフへの思い。圧倒的な財務基盤をテコに、今後も業界の健全な発展とエステティシャンの社会的地位向上に尽力していく方針だ。

｜わ｜が｜社｜を｜語｜る｜

代表取締役
下村 朱美氏

お客様の幸せを目指して

当社は「エステティック ミス・パリ」「男のエステ ダンディハウス」を通して、お客様の美と健康のお手伝いをしています。最近は、スポーツジム・化粧品会社・美容形成クリニック・鍼灸治療院などにもエステティック施設を置く企業が増えています。それほど、消費者のニーズが高いということでしょう。当社は、今後も仕事を通して、世界中に美しく、健やかで幸福な人を増やしていきたいと考えています。その為にも、多様化するお客様のニーズに応えられる高度なプロフェッショナル集団であり続けたいです。

会社DATA

本社所在地	東京都中央区銀座5-10-2
設　立	1984年3月〈（株）シェイプアップハウス〉
代 表 者	下村 朱美
資 本 金	4,000万円
従業員数	978名（ミス・パリ・グループ全体）
事 業 内 容	美容総合商社、広告代理業、エステティックサロンの経営・指導、人材派遣業務
Ｕ　Ｒ　Ｌ	https://www.miss-paris-group.co.jp

株式会社ミナシア

「ひとりを笑顔に、世界を笑顔に」を目指して
——コストダウン一辺倒の業界に新風を吹き込むホテルチェーン

ここに注目！ 画一的ではないホテル独自の手厚いおもてなしで差別化
人材育成で競争力と働きがいを向上

3タイプの宿泊特化型ホテルを展開

新型コロナウイルス感染症（COVID-19）の拡大で苦境に陥っているホテル・レストラン業界。そんな中、ポストコロナ時代に向けて着実な成長戦略に取り組んでいる企業がある。宿泊特化型ホテルと飲食店を運営するミナシアだ。

ミナシアは前身の株式会社ウィングインターナショナル時代の1990年に1号店となる「ホテルウィングインターナショナル須賀川」（福島県須賀川市）と併設の「美食酒家＜ゆめぜん＞須賀川」をオープンして以来、30年以上にわたって「泊」「食」のコラボレーションという独自の発想で、ホテル・レストラン事業を展開してきた。当初は北海道千歳市や鹿児島県出水市、山口県下関市など、大手ホテルチェーンとの競争が激しい大都市を避けて展開して

いた。

しかし、2010年代に訪日外国人観光（インバウンド）客が増加したのを受けて、東京や大阪、横浜などの大都市にも出店。2014年6月にホテルJALシティ四谷をリニューアルした「ホテルウィングインターナショナル プレミアム 東京四谷」（東京都新宿区）をオープンし、上級ホテル「プレミアム」の展開を始める。

16年5月には「ホテルウィングインターナショナル セレクト 博多駅前」（福岡市）を開業。「セレクト」は全フロアのデザインが異なるユニークなホテルで、利用するたびに新しい宿泊体験ができるのが特徴。標準タイプの「ホテルウィングインターナショナル」、上級タイプの「同プレミアム」、デザイン重視の「同セレクト」という3タイプのホテルを展開している。20年には、仙台と札幌に新ブランド「テンザホテル」をリブランドオープンし、ミ

ナシアとして運営するホテルは、全国に37店舗、4892室となっている。

一方、レストラン事業は、宿泊特化型ホテルにレストランを併設するスタイルで始まった。ビジネス客が多いため、和食や日本酒などを充実した居酒屋スタイルが中心だ。現在はホテル内併設店が10店舗、ホテル外の独立店が2店舗ある。顔が見える生産者がつくった食材や酒などにこだわり、食と宿をセットにした「食泊」サービスをセールスポイントにしているという。

手厚い人材教育で、一段上のサービスを提供

ミナシアの強みは人材。画一的なサービスを提供する他の宿泊特化型ホテルにはない従業員のフレンドリーな接客が、宿泊客から高い支持を得ているという。厳しい価格競争でコスト削減に追われるホテル業界では、チェックインか

家族のような接客をいつも心掛けています

スタッフ同士のコミュニケーションも常に取れています

「ホテルウィングインターナショナル
プレミアム東京四谷」外観

「ホテルウィングインターナショナル
セレクト博多駅前」4階フロア

「ホテルウィングインターナショナル
旭川駅前」朝食ビュッフェ

らチェックアウトまで一切が自動化され、従業員と顔を合わせる機会がないホテルまで登場している。

ミナシアのホテルウィングインターナショナルチェーンでは、例えば「水が飲みたい」という要望に水を渡して終わりではなく、「なぜ水が飲みたいのか」を先回りして考えて宿泊客の気持ちに寄り添うように指導している。そこにただ一つの「正解」はない。どこに泊まっても同じではなく、各ホテルにそれぞれ個性があり、違った楽しみ方ができるように工夫している。

共通しているのは「宿泊客と家族のように接する」こと。要望や相談には親身に対応し、チェックアウトの際には自宅から出かける時のように「行ってらっしゃいませ」と声をかける。ホテルのスタッフが宿泊客からお土産をもらうこともしばしばあるという。コロナ禍でビジネス客もインバウンド客も激減して苦戦を強いられているホテル業界にあって、従業員による手厚い接客は宿泊客から「選ばれる理由」になっている。

人材教育では社内研修に加えてオンラインで外部セミナーに自主的に参加できるほか、若い従業員

が積極的にチャレンジできる環境がある。「プレミアム 東京四谷」では新入社員の「客室に折り鶴を置く」提案が採用され、顧客から高い評価を得た。手厚い従業員教育に加えて、職場や顧客に認められることで若手社員の仕事満足度は高く、入社3年目の離職率は10%未満と同業他社に比べて圧倒的に低いという。「ポストコロナ」でミナシアがホテル業界のトップランナーに躍り出る可能性は高い。その原動力は、同社がこれまで手塩にかけて育ててきた若者からベテランまでの分厚い「人材」なのだ。

| わ | が | 社 | を | 語 | る |

代表取締役社長
下嶋 一義氏

愛されるランドマークとして

ミナシアの語源は「みんなが幸せに」という言葉。当社にかかわるすべての方々に幸せになってほしいとの願いを込めています。ホテルやレストランをお選びいただいたお客様一人ひとりに喜んでいただくことが、私たちの幸せ。お客様の満足や感動、スタッフの充足感は、まさに笑顔がバロメーターになります。目の前のお客様を幸せにするということを第一に、世界中に笑顔の輪を広げていきたいと考えております。そして、地域の方々とのつながりを大切にしながら、多くの方々から愛されるホテル・レストランになりたい。地域の魅力を発信していくことで、その街で永く愛されるランドマークとして、そこに必要な存在であり続けたいと願っております。

会社DATA

本社所在地：東京都千代田区神田小川町1-2 風雲堂ビル3階
創　業：2001年6月
代 表 者：下嶋 一義
資 本 金：5,000万円
従業員数：936名
事業内容：ホテル・レストランの経営、企画、運営ならびに管理、ホテル・レストランの運営に関するコンサルティング業務
U R L：https://minacia.jp/

JNシステムパートナーズ株式会社

顧客業務に精通し、システムをトータルで提供
——合弁形態で、化学業界大手のJSRグループのITを担う

ここに注目！

DXの進展で、更なる業容拡大を目指す
リモートワークの優等生、働きやすい職場環境

企業が実力を発揮し、世界にビジネスを広げていくためには、常に最新のICT（情報通信技術）を取り入れ、合理的・効率的なシステムを活用しなければならない。日本の化学業界でも屈指の高収益企業であり、世界シェアトップの多くの製品群を有するJSR（旧・日本合成ゴム）グループの専属システム会社として、ITの企画・立案・構築から運用・保守までをトータルに担っているのが、JNシステムパートナーズ（JNSP）である。

JSRとNEC、ふたつの親会社

JNSPは、1986年7月にJSRのシステム部門が独立した企業を源流に持つ。こうした形態は所謂「ユーザー系IT企業」と呼ばれる。その後、何度かの組織の見直しがあり、現在の組織になったのは2013年5月だ。

顧客は、親会社でもあるJSRとそのグループ企業。しかしJNSPの株のうち、60％は大手ITベンダーであるNECが出資し、残り40％をJSRが持つ合弁形態をとっている。「JSRグループという"お客様"に特化しつつ、NECの技術力を活用して最新のITシステムを提供する」と坂本麻実社長は話す。

JNSPの業務は、外部からは見えにくい。製品とサービスはJSRグループに提供され、JSRグループのイノベーションを推進する力となる。そのために必要なのは、JSRグループの業務に精通し、同社の発展に寄与する的確なICTをサポートしていくことだ。

JNSPは、顧客であるJSRグループの業務について誰にも負けない知識を持っている。直近ではJSRの基幹系システムの刷新に取り組んでいる。基幹系システムは生産、販売、調達、会計など多くの要素からなり、企業活動の効率の決め手となるもの。JNSPが、JSRグループのイノベーションの多くの部分を担っていることが分かる。今後はデジタル・トランスフォーメーション（DX）の進展により、更なる業容拡大を目指しているという。

またJNSPの場合、システム開発のみならず、企画・提案や、システムが動き出してからの運用・保守を含むICTのライフサイクル全てを担っていることも大きな特徴だ。これにより上流工程から下流工程に至るまで担当することで、安定した収益を確保できる。

単なる"下請け"でないことも特記しておかなければならない。NECが60％を出資しているにも関わらず、必ずしもNEC製品にこだわることなく、必要に応じて他社の製品も取り入れる。第三者の視点を交えつつ、顧客であるJSRに最適なシステムを提案するのがJNSPの使命なのだ。

様々な目的に利用するリフレッシュコーナー

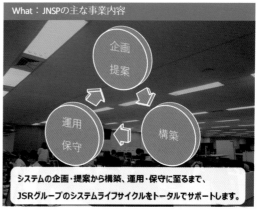

What：JNSPの主な事業内容

企画提案

運用保守

構築

システムの企画・提案から構築、運用・保守に至るまで、
JSRグループのシステムライフサイクルをトータルでサポートします。

企画提案から運用・保守までトータルサポート

コンパクトに間仕切りされたミーティングコーナー

エントランスは、顔認証システムで入室管理

本社　豊洲駅から徒歩8分

地方の雇用にも貢献

IT業界は常に人材不足に悩まされている。JNSPでは、NECの研修制度などを取り入れて若手社員を育てている。これとは別に2021年1月に、人材確保を目的として秋田県に新たに事業所を開設した。企業の少ない秋田では、地元に帰って就職したいという若者の働き口がない。「優秀な人材が採用できると思う。また、わずかでも地方の雇用に貢献できるから、県知事・市長からも大いに期待されている」（坂本社長）。

ICT企業であるJNSPは、リモートワークの優等生でもある。早くから在宅勤務を推奨し、コロナ禍の現状においては、本社ではすでに9割以上が利用している。社長も毎日は出社しない。育児や介護を含めた働き方改革への対応や、テレワークを活用した生産性向上にも段階的に取り組んでいく計画という。

一方で、社員の働く環境面からみると、平均在職年数は女性の方がむしろ長いくらい。有給休暇の取得率は全社で約8割に達する。執務室ではフリーアドレスを採用しており、指定席化しないように場所を抽選で決める。社員証もなく、入退館は顔認証システムを用いたセキュリティで管理しているという。従業員にとっては、働きやすい職場だろう。

| わ | が | 社 | を | 語 | る |

代表取締役社長
坂本 麻実氏

風通しが良く、若手にも成長の機会

顧客が親会社しかないから誤解されがちですが、我が社の特徴は経営裁量の自由度が高いことだと思います。これは合弁企業の良さであり、社員教育や福利厚生でも、両方の親会社の"いいとこどり"をしています。

社内の風通しも非常にいい。プロジェクト単位の仕事が多いので、若手社員に重要な役割をお願いすることもあります。顧客との距離が非常に近く、スキルとやる気によっては上流工程に関与できる。成長の機会が多いと思います。

業務の面では、顧客の既存ビジネスの記録を主体とした「System of Records（SoR）」から、つながりによって新たな価値を生み出す「System of Engagement（SoE）」に挑戦していきたいと考えています。

会社DATA

所　在　地：東京都江東区枝川1-9-4 住友不動産豊洲TKビル2階
設　　　立：2013年5月
代　表　者：坂本 麻実
資　本　金：1,000万円
従業員数：117名（2020年4月現在）
事業内容：基幹系・情報系システム、インフラやITセキュリティのシステムの企画・提案・コンサルティングおよび構築、機器調達、運用・保守など。
U　R　L：https://www.jnsp.co.jp/

◢ 株式会社 True Data

データと知恵で未来をつくるビッグデータカンパニー
——国内最大規模の購買データ (ID-POS) を軸にデータマーケティングサービスを提供

ここに注目！

データを武器にサービスを展開する高い将来性
人を大切にする社風と社会貢献、持続性を重視

全国6000万人規模の購買情報という国内最大級のビッグデータを使って、企業が抱えるあらゆる問題を解決できるのが、True Data（トゥルーデータ）である。

顧客ID付POSといっ購買情報は、アンケートなどの自己申告制のデータと異なり、確実性が高い。さらに米倉裕之社長が「データのガバナンスと信頼性を高め、偏りが出ないように資本構成についても工夫した」と言う通り、まさに社名の通りのTrue Dataを基軸にしたビッグデータカンパニーなのである。

正確な実態把握と多機能で使いやすい分析ツール

単に正確な情報を提供するだけでなく、専門スタッフによるサポートを提供できるのもTrue Dataならでは。データマーケティングに不可欠な①データ、②テクノロジー、③教育を含む活用ノウハウ、の3領域すべてを高いクオリティで提供し、さらにその上で「コスト効率の最大化」を追求できるのは同社の大きな強みである。

小売業、卸売業、メーカーのマーケティングに役立つさまざまな分析ツールのほか、ツールを活かすためのサポートデスクやトレーニングまで、万全のサポート体制でバックアップしている。

これらデータを使った分析ツール・コンサルティングサービスを必要としている企業は、規模や国籍を問わず幅広い。大手流通・小売業、食品、日用品などの消費財メーカーから、広告代理店や地方自治体まで、現在もニーズは拡大し続けている。

ユニークなデータサービスが続々登場

最近のトピックスでは、ID-POSを軸にさまざまなデータを掛け合わせて開発したサービス「DataCOLORS（データカラーズ）」や「KURASHI360（クラシサンロクマル）」に注目が集まっている。

「DataCOLORS」は約6000万人規模の購買データをもとに統計化したデータを使い、エリアごとの消費志向（カラー）を表す指数データを提供できる。「KURASHI360」はTrue Dataのビッグデータに国勢調査などの統計データや移動情報などを組み合わせて、地域の生活者をより多角的に表すことが可能になった。いずれも、個人情報を利用せず、安心・安全に活用できる、新時代のビッグデータサービスと言える。

中でも業界を驚かせたのは、会員登録すれば誰でも無料で全国各地の購買が見えるデータマーケティング・ダッシュボード「ウレコン（https://urecon.jp/）」だ。2021年1月現在で、登録者数が1万5千人を超えている。これは米倉社長のモットー「ノウハウは独り占めしない」という思想が反映されている。

こうした質の高い、オリジナルなサービスを生み出すことが可能な理由について、米倉社長は「人を大切にする社風と教育の重視」をあげた。

港区芝大門にある本社オフィスのエントランス。リモートワークを取り入れつつ、明るく快適なオフィス環境も重視。

活発に意見交換できる風土がイノベーションにつながっている

多様なバックグラウンドを持つ社員が
活躍

会社の成長と個人の成長のリンクを目
指すフォローアップ体制

2019年5月に開催した全社キックオ
フ懇親会

「何より人の心を大切にした
い。デジタルはビジネスを強くす
る道具ですが、基本は人で、道具
を扱う人の考え方、スキルが最も
大事だと思っています。社員教育
もそうした思想に則って行ってい
ます」と、人を大切にする社風に
ついて語ってくれた。教育活動に
関しては、高校生や大学生を対象
にしたワークショップなど、社外
でも実施されている。

高い将来性が評価されている

同社の事業は海外でも高く評価
され、2年連続、『APAC CIO Out
look』誌が選ぶ「ビッグデータ

コンサルティング・サービス企業
TOP10」に選出された。

海外プラットフォーマーからの
支持も得ていて、2019年12月
にはデータに基づいたデジタル広
告枠のリアルタイムな自動買い付
けのために、True Data（国内リ
アル店舗購買データ）とOracle
Data Cloud（オーディエンス
データ）をコネクトし、協業を開
始した。

今後の海外展開について米倉社
長は「これからの少子高齢化で日
本の人口は2100年に約6000万
人まで減っていくと言われていま
すが、その時点でも日本のGDP

は世界4位を占めるといわれ、引
き続き大事な市場です。海外の成
長市場と日本の血流を通わせて行
きたい」と、今後も東京を起点
に、地域からグローバルまでデー
タをつなぐ展開を目指す考えだ。

米倉社長はTrue Dataの将来
について「私たちは持続可能な社
会を目指しています。どんなこと
があっても、持続的に成長して社
会貢献したい。コロナ禍の中でも
採用は減らさず、雇用を生み、持
続的な成長と社会貢献の二つの柱
を意識しながら進化していきま
す」と語ってくれた。

| わ | が | 社 | を | 語 | る |

代表取締役社長
米倉 裕之 氏

デジタルの時代だからこそ、人を大切に

私たちの企業理念（パーパス）は
「データと知恵で未来をつくる」で
す。ビッグデータは、人びとの行動の
積み重ねです。私たちは「データの真
実」と「人間の知恵」で価値を生み、
より良い未来をつくります。デジタル
の時代だからこそ、それらを使う
「人」が大切で、志をもった人間が、
新たな発想や適切なガバナンス、活用
の工夫といった「知恵」をもってそれ

らを使うことで、豊かな未来をつくる
と考えています。これからは、都市部
や大企業だけでなく、地域も中小企業
もデータを活用する時代です。地域か
らグローバルまで、皆で「データと知
恵で未来をつくる」ことが私たちの存
在意義であり、今後も社会への貢献と
持続的な成長を追求していきます。

会社 DATA	**所 在 地**：東京都港区芝大門1-10-11 芝大門センタービル4階

創業・設立：2000年10月設立
代 表 者：米倉 裕之
資 本 金：11億6,051万円
従業員数：・正社員：69名（男性38名、女性31名）
　　　　　　・アルバイト：女性12名（2021年1月末現在）
事業内容：国内最大規模の購買情報を扱うビッグデータプラットフォーム。POS/ID-
　　　　　　POSをはじめとしたデータ分析のほか、小売業、消費財メーカー向け購買行
　　　　　　動分析ソリューションなどの自社開発・提供、データマーケティング支援。
Ｕ　Ｒ　Ｌ：https://www.truedata.co.jp/

◢ **株式会社アセンド**

CRM/CTIを中心とする独自サービスで2023年のIPO計画
——コールセンター向けクラウド型システムを軸に10期以上連続の増収

すべて自社開発、自社運用の商品サービス
始業10時、ほぼ残業なし、営業部なし、充実の福利厚生

株式会社アセンドには、事業の両輪がある。超高速自動発信技術が可能にする低価格・高品質の「大規模電話調査」と、長年培ってきたノウハウを注ぎ込んだ「コールセンター向け支援システム」である。それを支えるのが、強力な自社開発力だ。

2011年2月、川崎市多摩区に登戸コールセンターを開設した。2003年の創業以来、電話に関するデータ処理事業を営んできたアセンドにとって、コールセンターは新たな事業に踏み出す第一歩。ところが3週間後に発生した東日本大震災で、コールセンター業務は6カ月間ストップし、「人は雇ったが、仕事がない絶望的な状態」（佐藤博社長）に見舞われた。

一方、同社の技術に可能性を感じていた人物がいた。当時、取引先の大手企業で情報システム部長をしていた天神覚氏（現アセンド副社長）だ。翌年から天神氏が合流し、コールセンター主体の会社から、数々の独自サービスを打ち立て、事業の多様化を図った。これを期に、アセンドの快進撃が始まった。

天神副社長は、「電話に関する技術を深く研究しているのがアセンドだった」と振り返る。天神副社長の後を追うように実力ある経験者が次第にアセンドに集まるようになり、「個人の会社から、本来の会社の姿へ脱皮していった」（佐藤社長）という。豊富な現場経験を持つ天神副社長が事業開発で走り、大手都市銀行から独立した佐藤社長がハンドルを握る二人三脚の経営だ。

世論調査や選挙調査で活躍

ほどなくして電話技術のデータとノウハウから生まれたのが、大規模電話調査サービス「MEGA-CALL」。1時間に100万コール以上の超高速自動発信が可能で、世論調査や選挙調査など、低価格大量調査を実現。大手マスコミや企業の見込み顧客発掘調査などで、圧倒的な実績を上げている。

「MEGA-CALL」に続いて、コールセンター向け支援システムとして開発したのが、クラウド型のCRM（顧客管理）システム「OmniContact（オムニコンタクト）」。電話交換機や録音装置等の設備不要で、ターゲット戦略と組み合わせた効率的なコールセンター運営が行える。現在同社の売上の約60％を占める主力商品となっている。

さらに「OmniContact」と連動できるサービスとして誕生させた商品が、アンドロイド搭載のIP電話機「OmniPhone（オムニフォン）」。カメラ付き電話でZoom、Teamsなどのウェブ会議が行えるなど、次世代型ビジネスフォンとして展開し

タブレットのようにアプリをインストール。「OmniPhone」ならテレワークでのコミュニケーションも快適に

主力商品に成長したクラウド型CRMシステム「OmniContact」

天神副社長（右から2番目）と躍進を支える中心メンバーたち

社員旅行やテニス、ゴルフ、スキー、船釣りなど部活動も盛ん

ていく。

　これら自社サービスに加え、自社コールセンター事業、コールセンター設計構築業務をワンストップで行うサービスを展開。9カ月の変則決算となった2020年度は別にして、売上高は10期以上連続で過去最高を更新している。ところが同社には営業部門が存在しない。ほとんどが口コミや紹介で顧客を拡大してきたのが実態だ。佐藤社長は、「自社開発による商品サービスとともに、主力商品『OmniContact』によるストック型ビジネスの効果が大きい」と話す。このビジネスモデルに手ごたえをつかみ、2023年度中に上場を目指している。

AI搭載を準備

　最近は、主要顧客のコールセンターの人手不足や新型コロナウイルスの影響もあり、アセンドには追い風。当面は、「MEGA-CALL」、「OmniContact」、「OmniPhone」の主力3商品で事業の拡大を目指すが、すでに音声認識技術をベースにしたAI（人工知能）搭載やAIコールセンターの開設を準備中だ。

　社員数も近く100人に達する見込みだが、佐藤社長は「社員の待遇を第一優先にしている」ときっぱり。加入要件が厳しいとされる関東ITソフトウェア健康保険組合（ITS健保）に加入しているほか、10時始業や極力残業なし、有給休暇取得促進の勤務体系に加え、株式公開に向けてストックオプション制度、持株会制度も導入済み。退職金制度も充実している。さらに社員旅行や年間20万円の補助付き部活動など福利厚生も充実。日常の飲み会も盛んで、「フラットにコミュニケーションしている社風なので、イベント参加率は結構高い」（佐藤社長）らしい。

|わ|が|社|を|語|る|

代表取締役
佐藤　博氏

毎朝行きたい会社をつくる

　当初、社員数人規模の頃までは、自分一人で頑張ろうと思っていましたが、社員が増えてこれでは限界があると感じ、何が会社を成長させるのか考えるようになりました。社員一人ひとりが頑張ることのみが、会社の成長を支えると思い、「いかに社員が頑張れる環境を作るか」が、経営の本質であると考えています。社員が生き生きと、自分の仕事に情熱を持って取り組むことがすべての始まりです。社員の仕事の成果が、お客様の利益を生み出し、それが会社の利益につながり、めぐりめぐって社員の成長を促すという具合に、すべてのステークホルダーに恩恵をもたらします。現在はほぼ在宅勤務ですが、毎朝行きたい会社をつくることが、起点になると考えています。

会社DATA

所 在 地	東京都新宿区西新宿1-21-1 明宝ビル5F
創業・設立	2003年12月12日設立
代 表 者	佐藤　博
資 本 金	3,700万円
従業員数	正社員85名、パートタイマー76名（2021年2月現在）
事業内容	◇CRM/CTIに関するシステム開発・運用　◇世論調査・支持率調査・マーケティング調査　◇オフィスソリューション　◇コールセンター運営
U R L	https://www.ascend-corp.co.jp/

▲株式会社アンリミテッド

ネットワークづくりに特化し、ニューノーマル（新常態）をチャンスと捉え飛躍を期す

ここに注目！ 営業を置かない事で顧客ニーズにクイック&ダイレクトに対応
不況にも強く、好業績を持続する

大手ITベンダーでSE（システム・エンジニア）として活躍し、39歳で独立したのがアンリミテッドの小林純社長だ。設立は2003年5月「ネットワークの設計・構築に照準を合わせた。当時、ネットワークの設計・構築に特化したような会社は、極端に少なかったのが、その理由」（小林社長）と、狙いを定めて船出した。狙いは当たり、世の中のネットワーク化の発展と歩調を合わせるように成長を続け、今日に至る。「景気にあまり左右されないのが強み」（同）なため、コロナ禍の影響も軽微。むしろ、ウィズコロナ・ポストコロナが生み出すニューノーマルをチャンスと捉え、新たな成長戦略を描いている。

SEの経験生かし、ネットワーク特化型で起業

小林社長は、入社から2年半程、サーバーのOSの開発・設計に従事し、その後証券、損保、銀行といった金融業のSEを長く経験した。「ホストコンピュータを除く全てのシステムやデバイス

を手掛けました。ATMのタッチパネルの画面設計やドットプリンターのピンの打ち圧の検証までも手がけた」（同）。

そんな全てを知り尽くす小林社長が独立に踏み切ったのは「40歳を手前にして、人生の折り返しを感じた。自分はこれから何をしたいのだろうと自問した。やりきり感が強かった。燃え尽き症候群に近かったかも知れない」（同）と振り返る。

新会社は事業領域をネットワーク周りのビジネスに絞り込んだ。社長自身の専門分野であり、ネットワーク特化型のベンチャー会社は当時ほとんど見当たらず、需給関係から、市場性は高いと判断したからだ。

判断は的確だった。会社発足から2021年の今日までの17期中、赤字となったのはリーマン・ショックの年のわずか一回だけという業績推移が、判断の正しさを証明する。もちろん、恵まれた市場でも、そこに確かな経営戦略がなければ好業績を持続するのは難しい。

同社の経営戦略を象徴するの

が、「営業部門がない会社」というユニークな組織体。それが、「好業績を持続する会社」の要因ともなっている。

一般に、営業マンは数字を上げるため、納期や金額の面で無理をして受注するケースが少なくない。そのしわ寄せが開発現場のエンジニアにいき、結果として会社の収益を圧迫したり、納期遅延などのトラブルが発生する。他にも営業マンが、顧客企業とエンジニアの間を行ったり来たりする伝書バトとなってしまう事でレスポンスが悪くなったり、齟齬が生じる、といった懸念もある。

そこで、同社では営業部門を置かず、エンジニアが営業的な動きをすれば、懸念の解消にもなり更には人件費の削減も狙った。「当初はエンジニアが営業を兼務するのはなぜなのか、と疑問や反発が社内外にあったが、今ではすっかり定着し軌道に乗っている」（同）。

高付加価値の上流工程で勝負する

提案、見積り、設計、構築まで

「0（ゼロ）から一人前のSEに育てる」がモットーという同社。

研修内容検討は、若手社員が主体。ボトムアップで意思決定をしている。

社内はフリーアドレス。部署の垣根を越えて意見を交わしている。

同社はヤクルトスワローズの公式スポンサーであり、神宮球場には看板も。

を上流工程とし、下流工程を運用、保守、メンテナンスと位置付け、同社では、上流工程のみにターゲットを絞り仕事を請けるという経営戦略を立てている。SE一人当たりの売り上げコストを高める為には、付加価値の高い上流工程に絞り込み、ネットワークの構築が終わったら、次のネットワークシステムの設計・開発に着手するといった回転の良さが好業績の一因となっている。

小林社長は「景気に左右されず、安定しているのが我々の仕事の特異性」とも指摘する。

そのわけは、不況により業務の縮小撤退が始まると、ネットワーク自体も縮小せざるを得なくなり、そうした仕事が発生するといった具合に、常に何らかの用件が舞い込むからだ。

そのためコロナ禍がもたらすダメージは殆ど無く、むしろリモートワークの普及などニューノーマ

ルがもたらす恩恵の方が大きい。

小林社長は「大企業から始まったリモートワークが本格化するのはこれからで、同じく5G（第5世代移動通信システム）もこれからが本番。当然、ネットワークの需要は更に増えていくので、そうした流れに適切に対応していく」とウィズコロナ、ポストコロナをチャンスと捉え、一段の飛躍を期している。

｜わ｜が｜社｜を｜語｜る｜

代表取締役
小林　純氏

女性の積極採用、3年で一人前になれる様に育成

直近の課題は人材の獲得と育成です。理系離れが進んでいて、ICT（情報通信技術）関連も以前ほどの人気がないのが実情。そのため、当社も採用は楽ではありません。そこで今、力を入れているのが女性のエンジニアを増やすという事です。ステレオタイプに採用のメインを理系出身の男子学生にするのではなく、コミュニケーション能力が高く、責任感の強い女子学生にターゲットを移し、育成する事で、今までのSE像を変えてやろうと思っています。IT素人の学生をなるべく早く一人前にする為に、育成に関する教育や研修プログラムを毎年見直し改善しています。こうした積み重ねで、顧客満足度の高いSEの育成に努めています。

女子学生からよく聞く、就職に関する不安が、結婚や妊娠・出産・育児などで一時的に仕事から離れなくてはならない事があっても復帰できるのかという事です。しかし弊社では、そうした理由で一時的に仕事から離れても、極力女性が働き易い環境作りをする事で復職率は100％を維持しています。これは、IT技術を身に付ければ復帰し易いということや、我々の仕事がリモートワークに適しているからです。ですからこれからも積極的に女性のエンジニア育成に注力していきたいと思っています。

会社DATA

所　在　地：東京都中央区日本橋堀留町1-10-11
創業・設立：2003年5月2日設立
代　表　者：小林　純
資　本　金：5,000万円
従業員数：70名〈2021年1月現在〉
事業内容：・情報ネットワークシステムの設計、構築、コンサルティング
　　　　　　・コンピューターのソフトウエア開発
　　　　　　・コンピューターおよびその周辺機器ならびに通信機器の販売
Ｕ　Ｒ　Ｌ：http://www.unltd.co.jp/

▲エイムネクスト株式会社

顧客企業の未来とあるべき社会に貢献するコンサル＆ソフトウェアエンジニアリング会社
——スマートファクトリー、スマートシティの隠れた先導役

ここに注目！ IoT技術で次世代の産業社会を見据えた経営スケールの大きさ
多国籍かつ高度な技術者が織りなす先進ソリューション

秋月種茂や上杉鷹山ら、江戸時代の名君を輩出した九州・高鍋藩。現代の民主政治に通じる数々の先進施策を生み出した小藩の地で、いまスマート・シティの実証実験が展開されている。「高鍋町IoTインフラ構築実証実験」だ。2018年、宮崎県高鍋町とIoTに関わる包括連携協定を締結しスマートシティを先導したのが、コンサルティング会社のエイムネクスト株式会社。送信できるデータ量は小さいが、低消費電力で遠距離通信を行えるLPWA通信を用いて、人感センサーや扉開閉センサーによる高齢者見守りサービスや、農業の発育管理、河川監視などが行えるIoTインフラを整えた。なぜコンサル会社が仕掛け役となったのか。

スマートファクトリーをいち早く提唱

「何をしている会社か、理解してもらえないこともある。しいて言えばコンサル業務とエンジニアリング業務を融合した会社」と説明するのは、2001年に同社を立ち上げた清威人社長。大学を卒業後、国内完成車メーカーで生産技術に携わったのち、大手コンサルティング会社やITソリューション会社を経て独立。2008年には、インダストリー4.0を先取りした「スマートファクトリー」をいち早く提唱、次世代生産プロセスの第一人者となった人物だ。

同社ビジネスの一端を映しているのが、本社オフィスの一角に据えられたスマートファクトリーのデモ展示。実際の製造ラインを想定した工程管理の流れを体感できる次世代工場のミニチュアだ。「10年前、多額な投資をしてまで作ったが、当時は理解できない人が多かった」（清社長）というが無理もない。インダストリー4.0という言葉が、ドイツから発せられていない時代、清社長は国内で初めてスマートファクトリーとい

う言葉を考案し、次世代製造業のあるべき方向性を唱え続けた。やがてモノづくり関連企業の多くがデモ見学に訪れるようになると、顧客のスマートファクトリー実現を支援するコンサル＆エンジニアリングサービスが、同社の中核事業として姿を現した。

顧客のべ500社（海外現地法人の顧客数を含め）、ゴール到達まで徹底サポート

製造業向けだけではない。例えば、メーカーの新製品開発。課題解決の提案といったコンサル領域から、実際のモノが生み出されるまでの一連の業務を顧客と一緒に展開し、「場合によっては制御ソフトの開発や、ちょっとした機器の製作は当社でやってしまうこともある」（清社長）。ほかにもリファクタリング（プログラムの内部構造整理）や、サプライチェーンマネジメント（SCM）推進、ITアウトソーシング＆システム

古民家とログハウスの古今東西をコンセプトにした高鍋事業所

高鍋IoTで利用している、センサーやゲートウェイ、またアプリケーション画面の一部

在籍している社員の国籍を並べた本社エント
ランス

会社ロゴマーク

スマートファクトリーを体感していた
だくためのデモ機

開発、コスト削減、人材育成、海外進出支援など、AIMNEXTグローバルではのべ500社の顧客に対し、幅広い業務支援サービスを提供する。すでに中国、インドネシア、ベトナムに現地法人を設立し、中国で現地大規模学習塾とEラーニングビジネスを共同で立ち上げるなど、海外ビジネスも積極化している。いずれも顧客の課題解決に向けて、ともに行動し、ともに実践していくビジネスだ。顧客がゴールに到達するまで徹底支援していくところに、同社の最大の特徴があると言えるだろう。

これを可能にしているのが、高い専門知識とスキルを有する豊富な人材力。現在、10カ国に及ぶ国籍の社員が在籍し、ソフトウェア系をはじめ、通信系、機械系など多様な業界から専門技術者50－60人を集めている。なかには半導体製造装置の専門家もおり、各分野の高度な技術で顧客の成長をサポートしていく考えだ。

昨年のクリスマス。重度の肢体不自由や知的障害を抱える重症心身障害児の通所施設に対し、ボタンに触れるだけで音楽を奏でるぬいぐるみを寄贈した。自分の働き

掛けでモノが動くという実感を味わってもらうため、市販のオモチャを改造した同社のささやかな社会奉仕活動だ。「社会が望むこと、社会に喜ばれることの実現をお手伝いする。そこに当社の存在価値がある。高鍋の実証実験も同じこと。事業として当初は赤字でも長期的な成長への投資と考え社会が必要としている事について、やれることはやる」（清社長）。かつて世のため、人のために動いた高鍋で、そんな志を秘めたエイムネクストの壮大な実験が花開こうとしている。

| わ | が | 社 | を | 語 | る |

代表取締役
清　威人氏

豊かな社会の実現を目指して

当社には、多種多様な分野で活躍してきた多くの専門技術者が存在しています。何でもやってしまう当社の原点が、ここにあります。システム構築だけでなく、さまざまなツールを駆使して、場合によっては人材教育まで当社が担当して顧客の成功を後押しします。おそらく当社のようなビジネスを展開している企業はないでしょう。IoTの世界が訪れたいま、当社の事業フィールドは企業のみならず、社会全

体をより良い方向へ導くための領域へと広がりを見せています。お金も人も大量に投入しないと、大企業は動きません。当社は大企業ではありませんが、できることから行動する意志があります。高鍋町の実証実験は、まさに当社の意志表明でもあります。社会のため、顧客のため、社員のため。エイムネクストは、これからもさまざまなサポートを展開していきます。

会社DATA	
所 在 地	東京都港区芝1-10-13 芝日景有楽ビル7F
創業・設立	2001年10月22日設立
代 表 者	清　威人
資 本 金	2,600万円
従業員数	127名（グローバル、関係会社含む）　70名（エイムネクスト日本） ※2021年1月現在
事業内容	業務コンサルティング、業務システム開発・運用、組込みシステム開発、 人材教育サービス
U　R　L	https://www.aimnext.co.jp

サインポスト株式会社

ITコンサル・ソリューションで社会に新たな価値を創造
──顧客の一員として道しるべを示し、時代のその先を目指す

ここに注目！ ディープラーニングによる独自開発AIがもたらす発展性
銀行システムの経験に基づく高い課題解決能力

2020年3月、人工知能（AI）と画像認識技術、物体追跡技術を活用したレジ無しスルー型の無人決済店舗の第1号店が、JR山手線の高輪ゲートウェイ駅にオープンした。カメラが買い物客を追跡し、商品棚から手に取った商品とその金額を自動認識し、客は決済画面に自動表示される合計金額を支払うだけ。「スーパーワンダー」と名付けられたシステムは、まさに驚きの無人店舗システムだ。こ

れを開発したのが、2007年創業のサインポスト。JR東日本スタートアップ（株）と折半出資の合弁会社を設立し、コンビニや百貨店などへの普及を目指している。

IT部門の一員として実務に踏み込む

「世の中に新たな価値をもたらしたい」。その一念で、社長の蒲原寧氏が設立したのがサインポス

ト。大手都市銀行のシステム部門に在籍し、合併に伴う基幹系システムの統合プロジェクトで名をはせたものの、「自分の人生60歳と区切り、先代が築いた豊かな日本を引き継ぐ仕事をしようと決心した」（蒲原社長）という。銀行特有の「1円たりとも違わない」精緻な業務実績が奏功し、創業直後から同社へコンサルティングを依頼する金融機関や企業、官公庁が相次いだ。やがてビジネス領域をソリューションに拡大し、「顧客のIT部門の一員として実務に踏み込み、経営・業務課題を解決するところまで実行する」という明確なミッションを掲げ、急成長を遂げてきた。必要があれば顧客のオフィスに常駐し、施策の検討段階からITベンダーを交えたシステム開発まで、徹底して顧客に伴走するやり方が、同社の最大の特徴だ。

顧客本位のビジネスを貫ける要因の一つが、創業時から貫いている資本の独立性。ベンチャーキャピタル（VC）や大手資本の出資を意図的に避けてきた。蒲原社長は、「VCや外部の出資を受ければ、カネもうけが企業目的の一番になる可能性がある。それは社会に価値をもたらすという当社の企業理念にそぐわない」と明快だ。

イノベーションで新たなビジネスを展開

コンサルティング＆ソリューションで事業基盤を確立し、2017年11月に東証マザーズ上場、2019年5月に東証一部上場

会議風景

集合写真

全社会風景

AIレジ

エントランス

を果たし、市場からの資本調達を手にした同社はいま、第三の柱となるイノベーション事業を本格化させている。中核となるのが、産学連携で同社が独自開発したAI技術の「SPAI」。ディープラーニングの機能を持つ人間に近いAIで、画像から様々な物体の特徴を捉えて認識できる。無人決済店舗の「スーパーワンダー」もSPAIの発展系で、社会に新たな価値を創出するという企業理念が新たに実現したと言えよう。

例えば、その社会貢献性。同じ無人店舗で先行する「Amazon GO」は、アプリのダウンロードを前提にした顧客の囲い込みが目的であるのに対し、サインポストのワンダーレジは誰もが使える無人の決済手段。あくまで人手不足やコスト増に悩む小売店経営者やレジ待ちする来店客のためのツールである。創業時、蒲原社長は「日本初のグローバルスタンダードな製品がないのはIT分野だ。であれば我が社がそれを実現する」とのことで、利益ありきの無人店舗システムでないのは明らかだ。

「地方都市の衰退が激しい。労働生産人口が減少するなか、特に地方は生産性を高めていく取り組みが欠かせない。当社が持つ地方銀行30数行との関係性とSPAIを活用し、地方創生に向けたソリューションを検討している」と、将来を熱く語る蒲原社長。さらにSPAIを使ったソリューションをさまざまな世界に適合させ、「日本を代表する企業」になることを目指している。「いまは経営改革の真っ最中。もう60歳では死ねない。やり遂げるためには90歳まで生きないと…」(蒲原社長)。同社の壮大な取り組みは、始まったばかりだ。

｜わ｜が｜社｜を｜語｜る｜

代表取締役社長
蒲原　寧氏

ただ一つの採用基準は「誠実である」こと

社名のサインポスト（道しるべ）は、顧客の経営・業務課題における解決策＝行くべき道を示し、実現へ導くことを表しています。コンサルティングやシステム開発といった部分的な業務に留まらず、顧客企業の実務に踏み込み、目標の実現まで当事者として携わる仕事です。そして仕事を通じて、社会に貢献することが当社の目的です。だから顧客からいただける感謝やねぎらいの言葉を評価基準にしています。ただ一つ、そこで必要なのは「誠実である」こと。何事も他責ではなく、自分のコトとして顧みることのできる誠実さです。誠実に自分と向き合えるかどうかは、仕事の能力にも比例し、人の成長にも関係していると考えています。そんな誠実で、伸びしろのある人を当社は求めています。

会社 DATA

所　在　地：東京都中央区日本橋本町4-12-20
設　　　立：2007年3月1日
代　表　者：蒲原　寧
資　本　金：4億6,675万5,070円（東証1部上場）
従 業 員 数：150名
事 業 内 容：企業の経営課題解決に向けた最適なITソリューションの提案と実行、独自開発の人工知能「SPAI」を活用したソリューション等
U　R　L：https://signpost.co.jp/

▲ 株式会社セールスフォース・ドットコム

CRMのリーディングカンパニー
——信頼、カスタマーサクセス、イノベーション、平等を掲げてビジネスを支援

ここに注目！ 徹底した顧客本位が生み出す圧倒的な市場占有率
ビジネスと社会貢献の両立を実践

東京・大手町、和田倉門を望む濠端にそびえる「日本生命丸の内ガーデンタワー」。地上22階のビルのオフィススペースをすべて借り受け、2021年下半期から順次入居を開始するのは、株式会社セールスフォース・ドットコム。CRM（顧客管理ツール）世界最大手の米セールスフォース・ドットコムの日本法人だ。2019年に実施したイベントで、「Salesforce Tower Tokyo」の呼称で、2024年までの5年間で社員2,000人を増員し、3,500人態勢で日本企業のデジタル化を支援することを発表した。約20年前に、同社初の海外法人としてスタートした日本法人は、クラウド・コンピューティングの推進と顧客中心のビジネスで大きく成長を遂げた。

4つのコアバリューが織りなす創業以来のDNA

クラウド・コンピューティングは、インターネット経由で各種サービスを提供するため、初期投資や改修費用もほぼ不要。顧客は、ITの知識がなくてもさまざまなビジネス支援サービスを受けられる。セールスフォース・ドットコムは、営業支援や顧客管理などの機能を中核に、複数のアプリを組み合わせて使えるプラットフォームを展開し、圧倒的な世界シェアを持つクラウド型CRMアプリケーション・プロバイダだ。

伊藤孝専務執行役員　公共営業本部、韓国リージョン統括 兼 ビジネスオペレーション担当は、「大企業だけでなく中小企業でも

1ライセンスから使えるのが、当社クラウドのメリット。世界に比べて日本は、クラウド化が遅れている。その分当社が力になれる領域は広い」という。日本、アジアでの成長可能性を見据えた動きが、近く稼動する「Salesforce Tower Tokyo」の開設につながった。

なぜここまでの成長を遂げたのか。ポイントは、同社のDNAとして根付いている4つのコアバリュー。信頼、カスタマーサクセス、イノベーション、そして平等だ。「当社はお客様のデータを預かっており、信頼は最も大切な価値観である。セキュリティ技術だけではなく、社員全員が信頼される存在になるということ。さらにお客様の成功のために何ができる

2019年　東京レインボープライド　パレードにて

2019年 気候危機への対策を求める
グローバル気候マーチにて

Salesforce 20周年イベント フローレ
ンス ひとり親家庭向けの図書カードと
メッセージ書き

フローレンス ひとり親家庭向けのクリ
スマスカード準備

かを、つねに考え行動するのがカスタマーサクセス。顧客の成功が自分たちの成長にもつながる。そして現状に満足しないイノベーションマインド。決して立ち止まらない姿勢が浸透している」（伊藤専務執行役委員）と解説する。たとえば製品は、年に3回アップデートされる。「我々自身、Salesforce製品を使う最大のユーザーで、これまで数十社のM&Aを実施し、市場が求める製品ポートフォリオをつねに強化し続けている。」

ビジネスと社会貢献を両立

そして4番目のコアバリューである「平等」。セールスフォース・ドットコムでは創業当時から多様性を享受する文化を大事にしてきた。「国籍やバックグラウンドが異なる多様な人々が集まることで、イノベーションは生まれる」（伊藤専務執行役員）というわけだ。「顧客、社員、パートナー、地域社会を一つの家族と見立て、みんなの幸福を真剣に考えていることが、この会社の良さであり、強みでもある」（同）。

社会貢献活動の「1-1-1」モデル。製品の1%、株式の1%、就業時間の1%を活用してコミュニティに貢献するという創業以来の社会貢献活動だ。日本でも、これまでに約20万時間のボランティア活動が行われ、125万ドルの助成金が支払われ、1300以上の団体にサービスを無償提供し、ビジネスと社会貢献を両立させてきたセールスフォース・ドットコム。そこにはサスティナブル社会を早くから意識し、「ビジネスは社会を変えるための最良のプラットフォームである」という創業者マーク・ベニオフ氏の言葉を、愚直に実行してきた姿がある。SDGsという概念が、世界の向こうからやってきたいま、同社のプレゼンスが一段と際立つ時代を迎えている。

| わ | が | 社 | を | 語 | る |

専務執行役員 公共営業本部、
韓国リージョン統括 兼 ビジ
ネスオペレーション担当

伊藤 孝氏

エンゲージメントの高い社員を

6年前、面接に来られた新卒学生の誰1人も、当社のことを知りませんでした。それが最近は、当社のカルチャーに共感する人が増えて、驚くほどの数の学生さんが面接に来られます。お陰様で、当社はGPTW(株式会社働きがいのある会社研究所)が発表している「働きがいのある会社」ランキングで1位になるなど、高い評価をいただいていますが、これは実際に働く社員の声が反映された結果だと思います。当社は人を育てることに相当の投資をしています。例えば、テクノロジーとデータを活用し、そこに当社カルチャーを組み合わせて社員のエンゲージメントを高める取り組みを実行しています。わたし自身、6年半前に当社に入社しましたが、クラウドの成長を実感し、ワクワクしながら、毎日を過ごしています。果てしなく続くこれからの当社の成長がますます楽しみです。

会社 DATA		
所 在 地	：	東京都千代田区丸の内2-7-2 JPタワー12F
創業・設立	：	2000年4月設立
代 表 者	：	小出 伸一
資 本 金	：	4億円
従 業 員 数	：	2,700名 （2021年1月現在）
事 業 内 容	：	クラウドアプリケーション及びクラウドプラットフォームの提供
U R L	：	https://www.salesforce.com/jp/

株式会社ハイパー

中堅・中小企業のIT化の困りごとに常に寄り添い、解決に導く
——アスクルエージェント事業も展開、右肩上がりの成長を続ける

ここに注目！ セキュリティはじめクラウド、アスクルなどストックビジネス拡大
障がい者支援など社会貢献活動にも積極的

株式会社ハイパーは、従業員100〜300人規模の中堅企業を中心に、パソコンをはじめソフトウエア、周辺機器、セキュリティ、ネットワーク環境、クラウドなどのITサービスを提供している東証1部上場企業だ。アスクルのエージェント事業と合わせ約5万社との取引があり、過去30年間ほぼ右肩上がりの安定成長を続けている。また、障がい者支援にも積極的で、子会社を通じて就労移行支援事業・放課後等デイサービス事業を手掛けている。

売り上げはITサービスが6割、アスクルが4割。相乗効果で顧客基盤拡大

中堅・中小企業の情報システム構築は、専門人材が少なく、計画的に予算が組まれているわけでもないのが大半だ。ハイパーは年間5000社もの中堅・中小企業にIT関連の最新情報や今後発生する問題、その解決方法などの情報を提供するとともに、日々の問い合わせに懇切丁寧に対応し、引き合いに応えている。商品在庫を常時5億〜7億円分保有し、顧客の要望にスピーディーに対応できることも強みのひとつ。ITの活用が生産性の向上や、テレワーク推進に欠かせない状況で、ハイパーは日本経済の柱である中堅・中小企業を下支えしているといっても過言ではないだろう。

ハイパーのもうひとつの特徴は、アスクルエージェント事業を抱えていることだ。中堅・中小企業の情報システム部門だけでなく、総務部門ともつながることで合わせて5万社の顧客との取引がある。直近の売り上げはITサービス事業が約6割、アスクルエージェント事業が約4割となっている。「アスクルが販売する消耗品などのオフィス需要は堅調に推移する」（玉田宏一社長）ため、安定的な業績アップにつながっている。

営業スタイルは「極力訪問を控え、社内にて電話、メールなどでお客さまの引き合いに対応することから、スピーディーに、かつ個々の営業担当者が効率的に多くのお客様の要望に応えることができる」（同）という。

コロナ禍でハイパーは、テレワーク対応サービスやリモート応援パッケージなどを矢継ぎ早にリリースした。「2020年夏の東京五輪開催に合わせ、政府発信でリモートワーク推進の動きがあった。そのため2019年から準備を進めてきた」（同）。このような情報収集、需要予測も選ばれるITサービスの背景にある。

グループの総合力で市場拡大が続くセキュリティ関連事業やストックビジネスに注力

ハイパーが今後とくに注力する

社員と積極的に意見を交わす望月副社長

マーケティング部のミーティングの様子

多くのIT関連セミナーを開催しています

チャリティ駅伝の後、応援の社員や家族と一緒に集合写真

のは、セキュリティ、ITコンサルティング、クラウド、そして消耗品等のオフィス需要に応えるアスクルエージェント事業だ。

セキュリティ関連では、グループの株式会社リステックが小規模企業向けを、ハイパーが中規模から大手企業をそれぞれ担い、サイバー攻撃などの対策需要に備えている。また、マルチネット株式会社は主に大手企業向けにITコンサルティングやネットワークシステムの構築を手掛ける。クラウド関連では、ハイパーがインターネット経由でソフトウエアの利用が可能なSaaSクラウド商品を拡充強化、またアスクルエージェント事業も引き続き拡大していく。これらの取り組みにより、「2020年度に約42％だったストックビジネスの売上割合を増やして収益を一層安定化させる」（同）方針だ。

ハイパーのロゴマークは、ハイパーとお客様、お取引先様の3つのキューブが心（ハート）で繋がれており、障がい者支援の社会貢献活動へと発展している。「うつ病」「ひきこもり」等の社会復帰を目的に企画された「チャリティ駅伝」には協賛だけでなく、毎年社員が参加しており、これらの活動が就労移行支援事業・放課後等デイサービス事業を手掛ける株式会社みらくるの設立につながった。

｜わ｜が｜社｜を｜語｜る｜

代表取締役社長
玉田 宏一 氏

離職率低く、和気あいあい。ぜひ説明会に来てください！

当社で働くことに興味を持ってくれた学生さんには「ぜひ説明会に来てください」と、お誘いしています。春以降、順次開催する説明会では社長が説明し、社内見学で営業フロアを見てもらいます。雰囲気や空気を感じてもらうことで、入社前と後とのギャップをなくし、安心して入社してもらうことが大きな目的です。

営業現場に権限を持たすなど働きやすい環境づくりが功を奏し、離職率は全体で5％と低いです。体育会系の学生さんも多数入社しています。ハイパーグループのミッションは「人とITで日本の会社を元気に」。共に働き、中堅・中小企業のIT高度化を支援していきましょう。

会社DATA

所 在 地：東京都中央区日本橋堀留町2-9-6 ニューESRビル
創業・設立：1990年5月設立
代 表 者：玉田 宏一
資 本 金：3億8,630万円（東証1部上場）
従業員数：215名（2021年1月1日現在）
事業内容：コンピュータ、ソフトウェアなどの販売やセキュリティ、クラウド関連のサービスを提供するITサービス事業と、アスクル社が取り扱うオフィス用品の販売代理店、アスクルエージェント事業を主力事業として展開
U R L：https://www.hyperpc.co.jp/

DOTワールド株式会社

臨床試験業務をトータルで提供するCRO
——医師主導治験で豊富な実績、グローバル案件取り込み独自性を発揮

アビガン特定臨床研究の支援業務に代表される機動力
あらゆる局面でプロジェクト管理手法による柔軟性を発揮

製薬会社などが実施する臨床試験に関する多様な業務を代行し、医薬品開発を支援するCRO（医薬品開発業務受託機関）。2000年以降、国内CRO市場は急速に拡大しているが、臨床開発計画の立案から治験の実施と、統計解析業務や統括報告書の作成まで臨床試験業務を一気通貫で提供しているのが、2006年に設立したDOTワールド株式会社だ。なかでも公的資金を開発原資とする医師主導治験で多くの実績を持ち、モニタリング業務中心の大規模CROとは異なる機動性を発揮。さらに海外顧客からの受託やバイオベンチャーの支援も積極化しており、チャレンジングなCROとして注目されている。

機動性と
エンド・ツー・エンド

2020年2月、DOTワールドに緊急の支援要請が舞い込んだ。新型コロナウイルス治療薬として期待されたアビガン特定臨床研究の支援業務だ。「社員は多忙を極めたが、社会が直面する喫緊の課題に直接携われた経験と喜びは大きい」と語るのは、大手製薬会社で臨床開発に長く携わったのち、DOTワールドを立ち上げた折戸哲也社長。製薬会社主導の大規模な治験業務をサポートする他のCROと一線を画し、これまでアカデミアの医師主導治験で60件超、同じく医師主導の臨床研究で80件以上を誇る支援実績が、アビガン特定臨床で支援要請の背景だ。

同社のもう一つの特長は、迅速かつ柔軟に対応できる機動性。国内のCROは、モニタリングやデータマネジメントなどの業務を機能別に分けた組織形態が多いが、DOTワールドは一人のスタッフが部門横断的に複数のプロジェクトを担当する管理手法を採用、単一業務に留まらない幅広い業務をこなせる体制とし、スピーディな業務遂行が可能だ。折戸社長は「モニタリング中心の既存CRO業務では社員の成長（臨床開発力）は見込めない。規模を求めることはせず、機動性とエンド・ツー・エンドのトータル支援で差別化していく」と強調する。

背景にあるのは、国内CRO市場の構造変化だ。これまでは患者数百例規模の臨床プロジェクトが少なくなかったが、最近は治験のグローバル化が進展し、国内臨床は数十例で足りるケースが増えている。「CRO市場はコモディティ

グリーンで覆われた落ち着きのあるオフィス空間

若手社員も積極的にミーティングに参加

オンラインミーティング風景

社員との会話を楽しむ折戸社長

社内でのプレゼンテーションリハーサル

化しつつあり、さらに治験の小粒化が進めばやがて頭打ちになる。ならば広く知識を吸収し、幅広い業務を経験してもらい、個々の社員で新たな価値を作れるCROがあってもいい」（折戸社長）と語る。

欧米アジアのCROとも連携

このため、まず中核の医師主導治験では、国内にあるアカデミア系の中核病院との人材交流を通じて連携を強化し、希少疾患を中心にした小規模治験プロジェクトの受託を一段と強化する。最大のポイントになるのがグローバル対応だ。今後増えると見込まれる海外

バイオベンチャーやアカデミアの日本での治験業務（治験国内管理人事業）を取り込む。すでに数年前から海外コンベンションへの参加を積極化しているほか、日本に拠点を持たない欧米アジアのCROとの連携アライアンスも進めており、海外からの受注を増やす。さらに、拡大している海外製薬メーカーの国内ライセンス生産の橋渡し業務も視野に入れ、ライセンス担当者の設置や、ワールドホールディングスグループのネットワークを活用し、ベンチャーキャピタルとの連携構築も検討していく。将来的には、川上の医薬品開発領域の支援業務も手掛けて

いく戦略だ。

課題は、グローバル人材をはじめとするスタッフの育成。すでに外国人スタッフを2名採用しているが、外国人スタッフに限らずチャレンジマインドを持った中途、新卒の新しい戦力の採用を本格化する。また企業への派遣を通じた既存スタッフの知識向上や、働き方改革をベースにしたフリーランスの採用などを実施し、社内体制を強化する。折戸社長は、「医薬の世界もオープンイノベーションの時代。小回りの利く当社にとって追い風になる」として、転換期を迎えたCRO市場で独自のポジションを確立していく。

| わ | が | 社 | を | 語 | る |

代表取締役社長
折戸 哲也氏

社員の力を結集し新たなCRO目指す

「臨床開発を通じて社会貢献ができる企業」を経営ビジョンに、「上市までのend to endの業務支援」と掲げた事業ビジョンのもと、「品質、効率、スピード」を行動指針として、CROを展開してきました。平均年齢34歳、専門領域の経験知識に留まらず、臨床全般の業務に精通してもらい、プロジェクト全体を担当できる社員の育成に努めています。半数以上を占める女性社員のなかには、出産・育児休暇に入るスタッフも少なくなく、アビガン特定臨床研究を担当したのも出産を控えたお母さん社員でした。仕事にも家庭にも一生懸命な姿が、ここでは多く見られます。大所帯のスタッフを抱えるCROには、規模ではかないませんが、優秀な社員の力を結集し、臨床ニーズの変化に対応できる新たなCROを目指していきます。

会社DATA

所 在 地	東京都港区東新橋2-14-1 NBFコモディオ汐留4F
創業・設立	2006年11月7日設立
代 表 者	折戸 哲也
資 本 金	1,500万円（東証1部上場 ワールドホールディングス グループ企業）
従業員数	87名（2021年2月現在）
事業内容	臨床開発計画の立案から治験の実施、モニタリング、データマネジメント、統計解析、メディカルライティング、監査など、臨床試験業務サポート全般
U R L	https://www.crodot.jp

株式会社エム・オー・エム・テクノロジー

人間力で医療に貢献し、「開業以来、赤字決算なし」を実現
——医療ICTシステムのエキスパート

ここに注目！
医療情報システムの草分けで、豊富な実績に裏打ちされた技術力を持つ
市場が未開拓の中小規模病院に強く、成長の余地が大きい

新型コロナウイルス感染症（COVID-19）の拡大で、医療現場の逼迫が問題となった。実は医療機関では診察や治療、検査よりも、患者の状況記録や報告と、情報共有に費やす時間の方が長いとも言われている。コロナ禍で医療崩壊寸前に追い詰められた教訓からも、医療のICT化は「待ったなし」の喫緊の課題。そうした医療ICTソリューションで日本を代表する企業が、エム・オー・エム・テクノロジー（MOMTEC）だ。

MOMTECは富士通が開発した医療情報システムに同社独自のパッケージ製品を組み合わせて、全国の病院や健診センターへ最適なシステムを提供している。設立は1964年、三菱商事がICT機器の専門商社としてMOMTECの前身となる三菱事務機械販売（MOM）を設立したのだ。ところがMOMTECの母体となる九州支社は、販売に苦戦を強いられていた。なぜなら九州は支店経済。

ICT設備を売り込んでも、東京や大阪にある本社で決裁されるため、交渉はなかなかまとまらなかった。そこで、「医療機関向けにICTを売り込んではどうか。病院はほとんどが独立しているので、九州にも決裁権者が大勢いる。商談もスムーズに進むだろう」と発案し78年に富士通の医療情報システムの販売を始める。これが当たった。九州で顧客を増やすことに成功し、事業は拡大。94年にMOMは医療事業に特化した医療事業本部を立ち上げて、全国展開することになる。これに併せて自社開発製品オーダリングシステムの「Power Hospital」やWindows版健診システムの「LANPEX」、検査システムの「LANCIS」などを発売する。2001年には三菱商事の情報関連子会社5社の統合合併に伴い、三菱商事と富士通の支援を得てMOMから分離・独立し、「株式会社エム・オー・エム・テクノロ

ジー」として再出発した。

MOMTECの強みは独立にも関わった富士通とのパートナーシップだ。国内シェアの高い富士通の電子カルテ（EMR）システムに、MOMTECの小回りのきいたオプションシステムを組み合わせることで、個々の医療機関に最適な使いやすいシステムを提供できる。その代表的な商品が2008年に発売した精神科病院向け電子カルテシステムの「MOMACE」。精神科は患者1人当たりのカルテの文字量が多いという特徴があり、内科や外科などの他科向けの電子カルテシステムでは対応が難しい。そこで精神科に特化したシステムを開発した。

大規模な医療機関では電子カルテシステムはパソコン300台以上での使用を想定しており、中小規模の医療機関では使い勝手が悪い。また、精神科は一般的な病院では求められない機能を求められることが多いため、MOMTECは

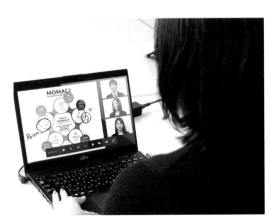
お客様との打合せや他の社員との打合せにWEB会議システムを使用しています

社歴関係なく全員が意見を出し合える社風です

多くの女性社員が総合職として活躍
してます

営業Sさん（左）・コンサルタントTさん（中
左）・営業Hさん（中右）・アシスタントMさ
ん（右）

営業とコンサルタントの各担当が
協力し合い、システムの導入を行
います

このような課題を抱えている顧客を多数抱えていた。同社は精神科に特化した製品開発や富士通製の電子カルテシステムの販売を通じて、電子カルテシステムのノウハウを持っている。今後、中小規模の医療機関で電子カルテの採用が進むのは確実で、MOMTECにとって非常に有望な市場が広がっている。2020年10月には「新MOMACE」を、同11月には電子カルテのデータとAI（人工知能）を活用してレセプト（医療報酬の明細書）が適正に処理されているかどうかをAIで判断する「a.iブレーン」を、それぞれ発売した。

新製品も出揃い、さらなる成長を目指すMOMTECが力を入れているのは人材育成だ。同社では「人と情報と技術の融和」を企業理念に掲げており、昨日とは違う新しい発想で毎日進化している人材を求めている。全社員を対象にした年2回の上司との面談では個人目標について話し合い、達成が難しいようなら解決に向けて支援や教育したり、別の目標に変更したりするなど、手厚いフォローをしている。社員からも「いつも通りにやっていたのでは達成できない目標だが、上司は親身に相談に乗ってくれる。日々成長を感じさせてくれるし、達成できた時の喜びは大きい」との声が上がる。いつの時代も製品を開発するのは人。人間力こそが社会に貢献できる企業づくりに必要なことをMOMTECは知っている。

| わ | が | 社 | を | 語 | る |
代表取締役社長
平山 光彦氏

「人間力」「情報力」「技術力」を日々進化

わが国の電子カルテ（EMR）普及率は一般病院で47％弱です。100％を目指すのは当然ですが、EMRは医療機関同士のデータ共有が完全にはできていないため、患者の情報は同じ医療機関内でしか利用されていないという問題があります。将来は他の医療機関でも患者の医療データを利用・追記できる電子健康記録（EHR）や個人健康記録（PHR）と連携した医療情報システムの先駆者になりたいと考えています。さらにはEHRやPHRのデータからAIを使って診断を支援するシステム開発も目指したい。そのために社内一丸となり、「人間力」「情報力」「技術力」という三つの力を日々進化させています。「ICTの力で医療現場を良く変えていきたい！」との思いで社会に貢献していきます。

会社DATA

所 在 地：東京都千代田区神田佐久間町1-9 第7東ビル
創業・設立：2001年3月
代 表 者：平山 光彦
資 本 金：5,000万円
従業員数：92名（2021年3月1日現在）
事業内容：医療関連情報システム構築、システム・コンサルティング、運用サービス、
　　　　　システム・インテグレーション・サービスなど
U R L：https://www.momt.co.jp/

▲ 株式会社セルシード

日本発の独自技術で再生医療の発展に貢献
——東京女子医大発ベンチャー細胞をシート状に回収できる技術を活用

ここに注目！ 食道がんや変形性膝関節症への細胞シートを用いた再生医療の事業化
国内外の大学、研究機関等との連携によるグローバルな事業推進

株式会社セルシードは、2001年に設立された東京女子医科大学発の再生医療ベンチャー。同大の岡野光夫教授らが世界に先駆けて開発した「細胞シート工学」という基盤技術をもとに、革新的な再生医療を事業化するのが目的だ。現在、食道がん切除後の創傷を再生治療する食道再生上皮シートと、潜在的な患者数が国内3,000万人と言われる変形性膝関節症の軟骨を再生する軟骨細胞シートの2つで、製造販売の承認申請を目指している。従来の医療では治療困難であった疾患治療を可能にする日本発の再生医療技術として、世界へ普及させていく考えだ。

承認申請の壁とたたかう

細胞シート工学は、細胞を1枚のシート状にして患部に移植するための新技術。通常の培養皿で作製した細胞は、細胞を傷つけることなく回収して移植するのが難し

く、体細胞による再生医療の妨げになっている。有機化学材料工学が専門の岡野教授は、温度によって性質が変わる温度応答性ポリマーを活用し、温度の変化だけで細胞をシート状に回収できる技術を開発。これを事業化して再生医療の実現を目指して設立したのがセルシードである。

当初は、角膜再生上皮シートで事業化を目指し、フランスで臨床試験を終え承認申請した矢先、欧州における先端医療に関する承認制度が変更され、各国別の審査からEU全体の審査が必要となり、追加試験を求められたことから現地での承認申請を断念。食道がんと膝関節に特化して、早期の国内承認を目指すことにした。食道再生上皮シートは、2019年治験を終了し、安全性は確認できたものの有効性に関する追加データをPMDAより求められ、2020年に追加治験届を提出。2021年、追

加治験の第1例目症例登録した。一方の軟骨細胞シートは、正常な自己軟骨細胞をシート状に培養して欠損部分に移植する治療が、東海大学で「先進医療B」として始まっている。セルシードはこの自己軟骨細胞シートの受託製造を開始した。高齢化社会の到来で患者数が増えるのは確実で、より多くの患者さんに治療を提供できるように東海大学では他人の細胞をストックして移植する同種細胞シートの臨床研究もスタート。10名の患者への移植を完了させており、セルシードはこの研究成果を事業化するために治験を開始するべく開発を加速している。

2014年に同社社長に就任した橋本せつ子社長は、「会社を設立して今年で20年。事業成長の道のりは険しいが、食道と膝の2つの細胞シートが承認されるまであと一息。早期に再生治療に道筋を付けて、社会に貢献できるよう全力

細胞シート工学の啓蒙活動も積極化。今年（2021年）も11月に第2回目の細胞シート工学イノベーションフォーラムを開催する

テレコムセンター：お台場にあるセルシードのオフィス

細胞培養：培養器材で細胞シートを作製

受託サービス：テレコムセンター内にある細胞培養センター

培養器材：当社が取り扱っている細胞培養器材

を尽くす」と語る。見逃せないのが86％を占める個人株主の存在。「多くの一般株主の皆さんが、当社を支えてくれている」（橋本社長）という通り、日本独自の技術で再生医療に挑むセルシードに対する社会の期待は、高いものがある。

細胞培養器材や再生医療受託サービスが増加

そうしたなか、細胞シート以外の事業で受注を伸ばしているのが、細胞培養器材。もともとは再生医療のための細胞シートを作製するための温度応答性ポリマーを用いた器材だが、新型コロナウイルスに対する研究用細胞の開発をはじめ、細胞を大量に培養するニーズが拡大。温度処理のみで細胞シートを回収できる「UpCell®」の販売が急増。さらに自社の細胞培養施設を用いた再生医療受託サービスも着実に実績を上げており、現時点での収益の柱になっている。

外資系勤務の経験が長い橋本社長は、「これまでの日本は内向きで外に出ていかない傾向が強かった。何とか日本発の技術を世界に持っていきたい」と強調し、海外ビジネスにも積極的。その結果として当社の売り上げの大半は海外で上がっている。将来の欧州における開発を見据えて、2015年にスウェーデンに子会社を設立したほか、2017年に台湾メタテック社と細胞シートの技術供与で業務提携したのに続き、2020年にはメタテックとの合弁会社を設立、台湾のアカデミアの研究シーズを発掘し、細胞シート工学による新規案件を開発していく。国内外で再生医療の実現を目指すセルシードの挑戦が続く見込みだ。

｜わ｜が｜社｜を｜語｜る｜

代表取締役社長
橋本 せつ子氏

再生医療のリード役に

組織や臓器を再生することによって、様々な難治性疾患や損傷を治療する再生医療。当社は、細胞シート工学という独自の技術で再生医療の発展に貢献することを目指しています。内視鏡による食道がん切除後の食道再生に加え、膝関節の軟骨細胞など、国内だけでも多くの患者さんが存在する疾病なので、細胞シートによる再生医療のインパクトは絶大です。2019年には細胞シート工学を広く啓蒙するため、細胞シート工学イノベーションフォーラムを主催し、多くのアカデミアの方々に参加いただき、若い研究者を支援しました。創業20周年の今年第2回目のフォーラムを開催します。今後も、この日本発の技術を国内外で活用してもらい、さまざまな疾病に対応できる再生医療のリード役となれるよう努めてまいります。

会社DATA	
所　在　地	東京都江東区青海2-5-10 テレコムセンタービル15F
設　　　立	2001年5月設立
代　表　者	橋本 せつ子
資　本　金	43億4,828万6,000円（東証JASDAQ上場）
従 業 員 数	48名（2020年12月現在）
事 業 内 容	細胞シート再生医療事業、再生医療支援事業
U　R　L	https://www.cellseed.com/

▲ソレイジア・ファーマ株式会社

すべては「より早く」「より良い医薬品」を提供するために
──がん治療で患者に寄り添う新薬開発・販売会社

ここに注目！ 創薬ベンチャーから有望な臨床開発段階以降の医薬品候補を導入するためリスクが低い
高成長が続く巨大な中国の医薬品マーケットで存在感

がん新薬をアジアで迅速に供給

　人類最大の敵─それは癌（がん）だ。日本人の3割近くが、がんで命を落とす。そのがん治療が今、画期的に進歩している。牽引役となっているのが、がん治療薬だ。ソレイジア・ファーマはオンコロジー（腫瘍学）の最新の知見や臨床試験成果などを参考に新薬候補品を導入し、実用化に取り組んでいる。

　同社は新薬研究を一から始める「創薬ベンチャー」ではない。創薬ベンチャーから有望な新薬候補の権利を取得し、製品開発や販売を手がける。創薬ベンチャーが研究している新薬の中から、実際に販売にこぎつけられるのは数十万分の一だ。しかし、ソレイジア・ファーマのビジネスモデルであれば、有望な新薬候補だけに絞り込めるので、成功する確率は一〇分の一程度にまで向上するという。

　同社はアジアを中心に事業を展開している。最も力を入れている

のが中国市場だ。2011年に北京、2013年に上海、2018年に広州で事務所を開設した。アジア中国市場は商習慣や薬事規制などの違いも大きく、世界的グローバル製薬会社以外は欧米企業もなかなか手を出さない。米欧で優れた医薬品が開発・承認されても、販売する各国において承認を取得しなければ患者に投与できない。近年は国際共同治験に参加することで、ドラッグ・ラグ（新薬承認の遅延）の問題は少なくなりつつあるが、依然として存在しているのだ。

　そうした中、中国市場に強いソレイジア・ファーマが、優れた高品質の製品を1日も早く、がんで苦しむ患者に提供する役割を果たしている。主に米欧の医薬品企業やバイオテクノロジー企業から優れた医薬品候補をライセンス導入し、国際共同治験を含む積極的な開発戦略によって迅速な承認取得を実現しているのだ。またソレイジア・ファーマは中国における複数の高名な癌専門医と良好な信頼関係を構築しており、臨床開発の

みならず販売においても力強い協力並びに支援を得ている。

　その第一弾として2008年に英Strakan International Ltd.（現Kyowa Kirin）が創薬した「Sancuso®（開発コードSP-01）」の中国等での独占開発販売権を獲得。「Sancuso®」は抗がん剤投与に伴う悪心・嘔吐を防ぐグラニセトロン経皮吸収型製剤で、副作用を抑えてがん治療をスムーズに進め、QOL（生活の質）を向上する医薬品だ。2014年に中国で新薬承認を申請し、2018年に承認取得。2019年に「Sancuso®（善可舒®）」として発売した。

　2015年にはスウェーデンのCamurus ABから、「episil® oral liquid（SP-03）」の日本と中国での独占的開発販売権を獲得している（のちに韓国権利も獲得）。日本での販売名は「エピシル® 口腔用液」で、がんの化学療法や放射線療法に伴う口内炎を物理的にカバーすることで、痛みを抑える作用がある。この製品は医薬品ではなく「医療機器」。中身は口腔

社名のSOLASIAはアジア（ASIA）を照らす太陽（SOL）を意味している

中国での製品発売セミナーの様子。臨床腫瘍学会等の著名医師とともに。

Sancuso®（中国販売名「善可舒®」）を発売

中国学会での展示ブース

episil®（中国販売名「益普舒®」）を発売

表面に非常に薄いゲル被膜を形成するCamurus社の特殊技術FluidCrystal®を用いた液剤で、薬剤成分が含まれていないからだ。薬剤でないから副作用の心配がなく使い勝手が良いと、医師や歯科医師からの評価も高い。エピシル®は同社が初めて医療現場に送り出した製品となり2018年に日本で、2019年には中国、また2020年には韓国でそれぞれ発売されている。

アジアから世界へ、舞台は広がる

もちろんアジア以外の市場にも目を向けている。2011年には米ZIOPHARM Oncology, Inc.から、抗がん剤「SP-02（ダリナパルシン）」のアジア諸国での独占的開発販売権を獲得している（のちに米欧含む全世界権利を獲得）。2020年には再発難治性の末梢性T細胞リンパ腫患者を対象とした日本を含むアジア国際共同臨床試験を完了し、アジアでは承認申請の準備に入った。同社では「SP-02」の全世界での開発販売権を持っており、「世界製品」と位置づけて活躍の舞台を広げようとしている。

現在、同社の開発パイプライン（新薬候補）には「SP-02」の他にも、がん化学療法に伴う末梢神経障害剤「SP-04（PledOx®）」や大腸がんの抗がん剤「SP-05（arfolitixorin）」がある。進行中の開発を継続し、新たなパイプラインを増やすためには大型の開発投資が必要となる。そこで同社は「患者のために薬を届ける」という使命を果たすため、2017年に東証マザーズに株式上場した。社名の由来は太陽（Sol）とアジア（asia）。がんと向き合う人々の未来を照らすアジアの太陽として輝き続けるための挑戦は続く。

｜わ｜が｜社｜を｜語｜る｜

代表取締役社長
荒井 好裕氏

少数精鋭主義でやりがいのある会社

わが社は少数精鋭主義で、社員を大幅に増やす気はありません。だから「これは自分がやった仕事」と明確に分かる職場と言えます。社員一人ひとりが仕事を達成し、会社に貢献する実感があり、やりがいのある会社だと思います。自分が得意とする分野を持ち、チャレンジ精神旺盛な人にとっては働きがいのある職場です。現在、主力の中国市場では3都市で自販体制を取っています。現地では少数ながら大手製薬出身の優秀なスタッフが長く働いてくれていて、癌専門医との良好な関係を維持し、業績も上がってきています。日本市場では、現在営業部隊を持ち合わせていないために、わが社の製品を信頼できるパートナー製薬企業に導出して販売してもらう仕組みです。自販体制の立ち上げは、人材及び資金の面でなかなか難しいですが、コロナ禍ではオンラインによる医薬品の拡宣・マーケティング活動も普及してきましたし、最近は優れた電子ツールも利用可能になってきています。今後このような環境がさらに成熟してくれば、日本市場で少数精鋭による自販も実現できるのではないかと考えています。

会社 DATA	
本社所在地：東京都港区芝公園2丁目11番1号 住友不動産芝公園タワー4階	
創業・設立：2006年12月	
代　表　者：荒井 好裕	
資　本　金：14億200万円（東証マザーズ上場）	
拠　　　点：東京、上海、北京、広州	
従 業 員 数：77名（連結）	
事 業 内 容：医薬品・医療機器等の開発、販売、輸出入など	
U　R　L：https://solasia.co.jp/	

医療・医薬・化学

商社・サービス

建設・不動産

中外製薬株式会社

不断のイノベーションで世界の「命と健康」を守る
——ユニークなビジネスモデルを持つ研究開発型製薬メーカー

ここに注目！ ロシュ社との戦略的アライアンスによる WIN-WIN のビジネスモデル
ヘルスケア産業のトップイノベーターを目指す、全社を挙げた DX の取組み

2030年までにヘルスケア産業のトップイノベーターを目指す

中外製薬は1925年に誕生し、4年後には100周年を迎える大手製薬会社。創業の精神は「すべての革新は患者さんのために」という事業哲学として脈々と流れている。

最大の転機は2002年にスイスの製薬会社ロシュ社と戦略的アライアンスを開始したことだ。ロシュが株式の過半数を保有しながらも、中外製薬は上場企業として自主経営を行う、ユニークなビジネスモデルが生まれた。同社はロシュの医薬品を国内で独占販売することができ、また自社創製品はロシュを通じグローバル市場に展開できるようになった。アライアンス以降、製品ラインアップや開発パイプラインが拡大し、がん領域製品では国内シェア第1位に成長。以来20年間で売上収益は

4.8倍、営業利益も11.5倍に伸びており、直近においても4期連続で過去最高を更新している。

1つの新薬を開発するのには9から17年の歳月がかかると言われている。新薬を連続的に創出する高い研究開発力の背景には独自のサイエンス力と技術力がある。同社は1980年代前半から他社に先駆けてバイオ医薬品の研究に着手し、業界を代表する抗体エンジニアリング技術を確立するに至った。国内トップシェアを誇る抗体医薬品だけでなく、化学合成による低分子医薬品にも同社発のブロックバスター（売上高10億ドル超の大型新薬）がある。そして、バイオと低分子に次ぐ第三の創薬モダリティ（創薬技術の方法・手段）として、現在は中分子医薬品の技術基盤確立にも注力している。有効な治療法が確立していない病気に対する新薬を技術ドリブンで研究開発し、十分に満たされていない医療ニーズ（アン

メット・メディカルニーズ）の充足に貢献していくのが中外製薬の特徴だ。

2021年2月には新たな成長戦略「TOP I 2030」を発表した。「世界最高水準の創薬実現」と「先進的事業モデルの構築」の二つを柱に目指すのは、世界のヘルスケア産業におけるトップイノベーターだ。患者中心の高度で持続可能な医療の実現と、社会と価値を共有し双方の発展を追求していく。

全社を挙げたDXでイノベーションを加速

2020年8月、中外製薬は経済産業省と東京証券取引所から、医薬品業界では唯一、「デジタルトランスフォーメーション銘柄（DX銘柄）2020」に選ばれた。

同社はデジタル技術によってビジネスを革新し、社会を変えるヘルスケアソリューションを提供するトップイノベーターを目指す

世界の患者さんが期待する

世界最高水準の創薬力を有し、世界中の患者さんが「中外なら必ず新たな治療法を生み出してくれる」と期待する

世界の人財とプレーヤーを惹きつける

世界中の情熱ある人財を惹きつけ、ヘルスケアにかかわる世界中のプレーヤーが「中外と組めば新しい何かを生み出せる」と想起する

世界のロールモデル

事業活動を通じたＥＳＧの取組みが評価され、社会課題解決をリードする企業として世界のロールモデルになっている

中外製薬が描く2030年トップイノベーター像

技術ドリブンで創薬に取り組む

DX銘柄2020
Digital Transformation
医薬品産業から唯一選定

「CHUGAI DIGITAL VISON 2030」を掲げ、その実現に向けた3つの基本戦略を策定してDXを推進している。

基本戦略の1つ目は、「デジタルを活用した革新的な新薬創出（Digital transformation for Drug Discovery and Development；DxD3）」。これまで培ってきたバイオを始めとした独自のサイエンス力・技術力に、AIやリアルワールドデータ、デジタルバイオマーカーなどの新たなデジタル技術を掛け合わせ、真の個別化医療の実現に挑む。

2つ目は「すべてのバリューチェーンの効率化」。AIやロボティクスなどを活用し、研究から開発、生産、営業、管理部門まで全社の効率化・最適化を進めている。

3つ目の「デジタル基盤の強化」では、グローバル水準のIT基盤確立などハード面のみならず、デジタル人財の採用や育成、社員のマインドや組織の風土改革などソフト面の強化にも取り組んでいる。

特に注目したいのが「デジタルを活用した革新的な新薬創出（DxD3）」だ。AIを活用した創薬では、抗体の最適化に機械学習を応用する「MALEXA」の開発に加え、50以上のAI創薬トライアルが走っている。リアルワールドデータの活用については医薬品の承認申請への活用検討に加え、開発プロセスの高度化・効率化に向けて様々なデータベースの解析を進めている。そして、患者さんの痛みや活動量を客観的に測定・評価する新たなデジタルバイオマーカーの開発を通じ、医薬品の真の価値を証明することを目指している。

| わ | が | 社 | を | 語 | る |

代表取締役社長 最高経営責任者（CEO）
奥田　修氏

イノベーションで社会課題の解決や社会の発展に寄与

世の中には、未だ治療法が存在しない、あるいは治療満足度が低いアンメット・メディカルニーズが数多く存在し、世界中の患者さんが有効な治療の登場を待ち望んでいます。これらのアンメット・メディカルニーズを一つひとつ解決することが当社の使命です。独自のサイエンス力と技術力を駆使し、中外製薬にしかできないイノベーションで社会課題の解決や社会の発展に寄与したいと考えています。

その実現に向けて、カギとなるのは「やっぱり、ひと」だと私は思います。イノベーションを起こすのは人であり、社員一人ひとりが価値創造の原動力だからです。ポジションに最適な人財を登用し、年齢や属性にとらわれず、成長・活躍できる環境を整備していきます。

会社 DATA	
本社所在地	東京都中央区日本橋室町2丁目1番1号 日本橋三井タワー15F
創業・設立	1925年3月
代 表 者	奥田　修
資 本 金	732億200万円（東証1部上場）
従 業 員 数	7,555名
事 業 内 容	医薬品の研究、開発、製造、販売および輸出入
主な支援制度	役割別プログラム、リーダーシップコンピテンシー強化プログラム、専門性強化プログラム、セルフイノベーションプログラムなど
U R L	https://www.chugai-pharm.co.jp/

▲ 東洋合成工業株式会社

半導体向け感光材で世界シェアトップ
——堅実経営とベンチャースピリットが共存

ここに注目！ 精密精製技術に強み
時代が求める事業を見つける嗅覚

産業のコメとも言われる半導体。東洋合成工業は、半導体製造に欠かせない感光材で、世界シェアトップを握る日本を代表するグローバルニッチトップ企業だ。世界的なデジタル・トランスフォーメーション（DX）や自動運転への流れが加速するなかで、半導体の需要は急拡大するとみられている。同社にとっても当面はフォローの風が吹きそうだ。しかし、半導体市場は世界の巨大企業がプレーヤーに名を連ねる激戦区でもある。同社がそこでトップに居続けられるのは、常に新しい領域への種まきを怠らないベンチャースピリットが息づいているからだと言えそうだ。

蒸留精製技術を武器に
事業領域を拡大

東洋合成工業は、日本が終戦の混乱期からようやく落ち着きを取り戻した1954年に創業した。最初の飛躍は蒸留精製技術の獲得だった。創業者が日比谷図書館でドイツの化学雑誌に載っていた論文をもとに、自前で蒸留塔を設計し設備を作り上げた。今から見れば無謀な挑戦とも言えるものだが、当時、海上輸送の際、不純物が混入することが多かった化学原料をこの設備で蒸留精製すると品質が大幅に向上した。同社の蒸留精製技術は、復興に向かう日本が必須とする化学品を安定して供給することに大いに貢献した。その後、さらに輸入化学製品をタンクで貯蔵し、ユーザーが求める荷姿で関東一円へタイムリーに配達するサービスを始めた。高度経済成長期で物資がいくらでも欲しい時代だったことが功を奏した。この物流事業は今も安定的な収益をあげる事業となっている。

そして1970年代になって、2度のオイルショックにより輸入化学品や重油の価格が跳ね上がり、売上が激減したことを機に、先手を打つ。半導体回路形成に使用されるフォトレジスト用感光性化合物の基礎研究に着手したのだ。当時は半導体の黎明（れいめい）期。「どうもこれから伸びるらしい」との情報はあったもののまだ未知の市場だった。大手化学メーカーも感光材事業にこぞって参入したが、水の中でも燃焼するというやっかいな性質があり、開発を断念する企業が相次いだ。東洋合成工業が事業化に成功したのは、蒸留精製で培った、材料を高純度に合成・精製する技術力と、「人がやらないならやってやろう」というチャレンジスピリットが、研究者に根付いていたからだ。同

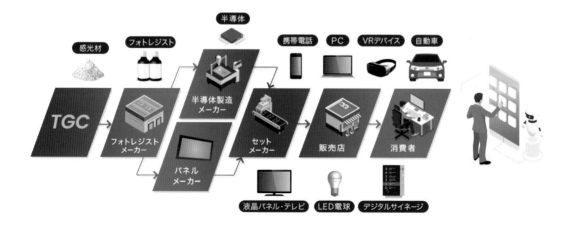

当社の位置づけ

研究開発部員の様子

千葉工場部員の様子

香料工場部員の様子

社の感光材は半導体が微細化するなかで、常に市場の最先端を歩み、成長を支える主力事業となっている。

電子材料や医薬分野での事業領域を拡大

　東洋合成工業は、2023年3月期を目標とする中期経営計画「TGC300」で、同社が取り組む事業方針を策定した。「顧客課題、技術課題一つ一つを真摯に独創的な視点で解決し、超高品質と生産性を両立し、世界No.1ダントツ企業となる」という目標を掲げた。半導体関連事業をさらに深掘りするとともに、新規事業へも乗り出していく。半導体は超微細加工が進み、線幅がナノ（10億分の1）メートルレベル、そこで使われる感光材には極限まで高純度な材料が求められる。この材料は半導体メーカーごとに仕様が異なる。同社は安定した多品種少量生産体制で、ユーザーニーズに応え、この分野での圧倒的な地位を堅持する戦略。同時に先端半導体向け超高純度溶剤分野においても市場シェア拡大を目指す。今後新領域として狙っているのが、電子材料分野。分子を精密にコントロールすることで、求める機能があたかもレゴブロックのように自在に作り出せる技術を目指し、超精密電子デバイス向け材料の研究開発を進める。さらにバイオ分野や医薬品の中間体の研究開発などにも取り組んでいる。これら先端分野の研究開発では、複合的な研究開発が不可欠であるため、大学の研究室との共同研究や公的研究機関との連携も積極的に行っている。感光材にとどまらず、各領域でグローバルニッチトップを獲得するのが目標だ。

│わ│が│社│を│語│る│

代表取締役社長
木村 有仁氏

成果を挙げた人にはどんどん仕事を任せたい

　創業から67年目と歴史は長く、経営は堅実ですが、社風はいまだにベンチャーの気風が残っている会社です。前例がない、他社がやっていないことでも、お客様が求めるなら「まずやってみよう」という気持ちを大切にしています。新卒で採用するのは大半が理系の人材ですが、全員まず製造現場で半年から1年間研修を受けてもらいます。現場を経験することは、後に開発部署に配属された時にも量産実現に必ず役立つと考えているからです。特に安全教育は徹底して行います。当社の事業はチームで成果を生み出すものがほとんどです。新しいことにチャレンジする気持ちとともに、メンバー同士がお互いの良さを生かしながら連携することに喜びを感じる人に向いていると思います。また、失敗を恐れず、主体的に仕事に取り組む人、そのなかで成果を挙げた人にはどんどん仕事を任せたいと考えています。仲間とともに自分が開発したもの、製造したものが世に出て社会の役に立つことを見ることで、自分の成長を実感できるはずです。

会社DATA

本社所在地：東京都台東区浅草橋1-22-16 ヒューリック浅草橋ビル
創業・設立：1954年9月（東証JASDAQ上場）
代 表 者：木村 有仁
従業員数：688名（2020年3月現在）
事業内容：感光材・化成品製造販売、化学品物流事業
U R L：https://www.toyogosei.co.jp/

株式会社マイクロン

臨床試験を支援するイメージングCROのリーディングカンパニー
——モニタリングと画像解析の統合サービスで医薬品開発をサポート

ここに注目！

フロントランナーゆえの圧倒的な治験受託実績
バイオマーカーの開発目指し新治療領域にも挑戦

製薬会社や医療機関の医薬品開発を支援する医薬品開発業務受託機関（CRO）の市場が急成長している。国内では2000年以降、10倍以上の市場規模に成長し、膨大な時間と費用を要する臨床試験（治験）を製薬会社に代わって行うことで、医薬品開発における安全性と有効性の実証を支援する。こうしたなか医用画像解析のイメージング技術を活用し、臨床試験の精度向上や開発期間の短縮

を目指す日本発のイメージングCRO会社が、2005年に設立した株式会社マイクロンだ。

臨床試験の重要なインフラに

イメージングCROとは、臨床試験で得られたCTやMRI等の医用画像を医療機関から収集し、専門医による中央判定委員会を組織化して、客観的に病変の進行状況を評価する事業で、最近は臨床試験の効果判定や安全性評価のばら

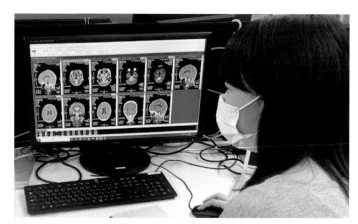

画像の点検をする好士﨑さん

解析結果を確認する冬さん、武田さん、近江谷さん

つきを抑え、医薬品の研究開発費用と時間を大幅に削減できる手法として注目されている。2011年からマイクロンを指揮する佐藤道太社長は、「当初は手探りでイメージングCROを進めてきたが、医療機器やIT技術の発達に加え、ここ数年はがん治療薬など画像解析が欠かせない開発案件が増えると共に、少数の第三者的立場の医師が画像診断を行う中央判定方式が拡大していることもあり、イメージングCROが臨床試験の重要なインフラになりつつある」と説明、同社を取り巻くビジネス環境が大きく変化し始めたという。

同じイメージングを用いた国内CRO事業者も存在するが、マイクロンはイメージングCROのパイオニアとして、その実績は他の同業者を圧倒している。2020年7月現在の国内外合わせたクライアント数は185社で、多くは医薬・医療機器メーカーや研究機関だが、イメージングを持たないCROもかなり含まれる。競合するCROでも画像部分はマイクロンに依頼せざるを得ない状況がうかがえる。

一方、医薬機器治験支援業務の受託総数は約400件に達し、このうち画像解析ではMRI、PET、X線をはじめ、あらゆる診断機器による画像解析の経験を持ち、がん領域だけでなく多様な疾病解析の実績を誇る。「医薬品メーカーは、多くの費用と時間を費やして治験段階にたどり着く。より早く、正確に安全性、有効性を評価

業務の相談をする來住さんと松本さん

東京本社エントランス

東京本社オフィス風景

することが優先される。CROの先駆者として、あの病気もこの病気も経験がある当社にアドバンテージが自然と生まれる」（佐藤社長）。

現在、画像解析部門に在籍するスタッフは60名。一方、CROの中心業務となるプロジェクトマネジメント、モニタリング等の部門にも、50名のスタッフを構え、イメージングとモニタリングをバランスよく展開している点も同社の強みといえるだろう。「全方位の疾病領域をカバーし、しかも画像解析とモニタリングのセットでトータルな治験支援サービスを提供できる」（鈴木宏昌取締役臨床開発部長）ことになる。

アジアで唯一の世界トップ10入り

海外のイメージングCROとの提携、連携を通じて、アジア・太平洋地域での治験支援サービスも展開。2020年には、世界的な調査会社が行った世界の臨床試験イメージング市場において、同社がトップ10に選ばれた。欧米中心のイメージングCROのなかで、アジアで唯一の選出だ。

将来に向けて、佐藤社長は「CROはどうしても受託という受け身のビジネス。今後は当社が主体的に提案できるCROサービスを開拓していく」という。主体的ビジネス拡大の中心的役割を担うのが、イメージングバイオマーカーの開発。バイオマーカーは、特定の疾病の進行状態を示す客観的な指標で、佐藤社長は「例えば再生医療で画像解析から導けるバイオーマーカーを見つけて、定着させることができれば、当社独自の統合的なCROサービスで治験をリードできる」と見ている。将来的には、バイオマーカーに対応した画像解析ソフトやプログラムなどの自社開発も目指し、一段の独自性と将来性を高めていく方針だ。

|わ|が|社|を|語|る|

代表取締役社長
佐藤 道太氏

イメージングCROの時代が到来

人々の健康と医療の発展に貢献することを経営理念に掲げ、国内外におけるイメージングCROのリーディングカンパニーとして成長してきました。先行者がいないなか、試行錯誤の繰り返しで得られた知見とノウハウがいま、当社の大きな財産となっています。一般的にはCROの主役はCRA（臨床開発モニター）ですが、当社にはこのモニタリング業務とともに、未知なる領域に挑戦していける画像解析業務があります。異なる二つの業務を互いに連携させて、統合的なサービスとして医薬品開発を支えることも可能になるでしょう。IT技術や医療機器の発展は、着実にイメージングCROの時代の到来を告げています。今後もイメージング技術を一段と進化させ、100年先も新たな価値を生み出せる企業を目指していきます。

会社DATA

所　在　地：東京都港区三田三丁目13番16号 三田43MTビル9階
創業・設立：2005年10月3日設立
代　表　者：佐藤 道太
資　本　金：5,000万円
従 業 員 数：174名（2021年3月現在）
事 業 内 容：◇イメージング技術を活用した医薬品、診断薬、医療機器、バイオマーカーの開発支援　◇臨床開発支援（モニタリング、品質管理、イメージング・コアラボ業務、画像解析、読影支援等）◇PET薬剤の治験薬GMP製造支援　◇臨床開発に係るコンサルティング
U　R　L：https://micron-kobe.com/

株式会社総合電商

「目からうろこ」のサービスを提供する電力の風雲児
——初期費用ゼロでコスト削減を実現する総合電力ソリューション企業

ここに注目！

高圧受電設備に目をつけた格安電力契約
「御社の設備を買い取ります」のユニークなビジネスモデル

設備投資なしで割安な高圧電力を利用

日本の電力料金は国際的にみて高いと言われている。それだけに企業にとっては、いかに電力コストを引き下げるかが大きな問題となる。その解決策を提供しているのが総合電商だ。2005年に北海道帯広市で誕生した若い企業ながら、優れたビジネスモデルを武器に北は創業地の北海道から南は沖縄まで全国に事業を展開している。

同社のビジネスモデルは、高圧受電設備（キュービクル）を利用した電力コストの削減だ。キュービクルはビルの屋上などに設置され、電力会社が配電する6600ボルトの高圧電流を100ボルトまたは200ボルトに降圧し、屋内に供給する装置のこと。電力を使用する事業者が所有しているケースがほとんどという。

ところがキュービクルは意外にも「金食い虫」。キュービクルだけで200万〜300万円もの投資が必要なうえに、保安管理費用も所有者の負担となる。ならば最初から家庭用電力と同様に100ボルトで契約すれば良さそうなものだが、一般家庭に配電される低圧契約はキュービクルを必要とする高圧契約と比べると単価が約2倍もする。

中保人社長は起業前の会社員時代に、キュービクルを販売して高圧契約に切り替えることで電力料金を引き下げる提案営業をしていた。バブル期には飛ぶように売れたが、バブル崩壊で状況は一変。パタリと売れなくなった。たまらず大手メーカーが安価なキュービクルを発売し、価格破壊が起こる。

中社長は「売れないのであれば安くなったキュービクルを無料で設置し、手数料で利益をあげれば

いいのではないかと会社に提案したが、却下された」と振り返る。そのアイデアを実現するため、中社長は総合電商を立ち上げた。では、無料でキュービクルを設置し、どうやって「手数料」を取るのか。

実は低圧契約から高圧契約へ切り換えたことで安くなった料金差額の一部を「手数料」として差し引いているのだ。それでも顧客が支払う電力料金は5〜10%も安くなった。しかも自前でキュービクルを導入するのに比べ、初期投資だけでなく保安管理費や修理代、保険料を負担しなくても済む。

電力自由化の流れに乗った新サービス

このビジネスモデルが顧客に高く評価された。だが、総合電商はそれに満足せず、一歩進んだサービスにも乗り出している。転機と

高圧受電設備（キュービクル）

高圧気中開閉器も需要家側の設備です

若手営業担当が活躍しています

中社長の理念をお客様へお伝えしています

なったのは、2011年3月の東日本大震災に伴う福島原発事故。これをきっかけに電力自由化が一気に進み、低料金を「売り」にした新電力会社が急増する。その新電力の取次事業に参入し、より低価格の電力を供給できるようになった。

そして2019年1月に「キュービクルアウトソーシング事業」をスタートする。すでにキュービクルを自前で備えているビルや施設は多い。こうした事業者向けのサービスで、総合電商が顧客のキュービクルを買い取る。古いキュービクルには価値がない。売れるどころか、産業廃棄物として撤去料や廃棄費用がかかる。

それを総合電商は有償で買い取るのだ。同社が買い取ったキュービクルは、原状のまま電力を供給し続ける。ただ、所有権は同社に移っているため、これまで顧客が負担していた修理費用や保安管理費用はゼロ。その上で同社が卸売りする電力に切り換えたり、過大な変圧器の容量を減らしたりすることでコストを抑える。顧客が「一切の持ち出しがなく、収益を改善できる」提案と言える。条件はただ一つ、15年間の長期契約を結ぶことだ。これにより同社は、安定した売り上げを確保できるという。

総合電商には300社もの代理店があり、キュービクルアウトソーシング事業は特許も出願済で全国に展開中。中社長は「キュービクルアウトソーシングは、わが社が理想とする『売り手によし、買い手によし、世間によし』の『三方よし』の事業だ」と胸を張る。「お客様の笑顔」と「顧客第一主義」を実現する同社のサービスは、これからも成長を続けるだろう。

|わ|が|社|を|語|る|

電力のエキスパートとして社会に貢献

代表取締役
中 保人氏

お客様に対し真の貢献をしたいという想いから「お客様の利益を前提とする」「社会の発展に貢献する」を企業理念として創業し、2020年に15周年を迎えました。その間に大手コンビニや大型スーパーから中小企業まで幅広い層の顧客づくりに成功しています。サービスを通じて得られた設備や電力仕入れのノウハウとネットワークづくりは、わが社にとって大きな財産になりました。電力は生活インフラです。同じ電力を提供するならば、安くて安心で安全はもちろん、価値ある商品やサービス、技術を追求し、それを消費する人の笑顔が見たい。私たちは電力エキスパートとして責任を持ち、本当に良い商品と技術をお届けして、社会に貢献したいと考えています。

会社DATA	
本社所在地	東京都中央区日本橋茅場町1-13-21 日本橋茅場町阪神ビル10階
創業・設立	2005年6月
代 表 者	中 保人
資 本 金	2,500万円
従業員数	65名
事業内容	電気事業法に基づく電気小売取次業、電気設備工事業、受変電設備販売、LED照明機器販売・レンタル業
U R L	https://www.sougodensyo.com/

東京水道株式会社

将来が期待される日本最大級の水道トータルサービス会社
——豊富な経験と確かな技術力であらゆる水問題の解決を目指す

ここに注目！ 東京都の政策実現の一躍を担う「政策連携団体」（※）として、持続性・発展性がある安定した財政基盤を持ちながら、事業の独自性と技術力の高さを誇る

私たち人間だけでなく、あらゆる動植物の生命維持に欠かせないのが水。東京の水道の一日平均配水量は421万m³で、東京ドームの約3.5杯分。給水人口は1350万人。東京水道株式会社は東京都水道局と共に構成する「東京水道グループ」の一員として水源から蛇口までの技術系業務、カスタマーサービス、ITの分野で首都東京の水道システムを支えている。令和元年度の売上は約290億円、事業拠点は、都内を中心に74箇所、従業員数は2600人を超える、ビッグカンパニーなのである。

東京都の政策連携団体として活動

東京水道は令和2年4月1日、東京都水道局の現場業務をそれぞれ担ってきた東京水道サービス（TSS）とPUCが合併して誕生した新しい会社である。代表取締役社長の野田数氏は「当社は、政策連携団体として公的な業務を行っていますが、株式会社の形態を活かし、柔軟で効率的な運営が可能です。都水道局は、政策連携団体の活用等により、25年間水道料金を値上げせずにお客さまに安全でおいしい水を提供してきました。新会社の発足で経営基盤の強化と効率化を進め、今後も安価で高品質な水道水の供給に寄与してまいります」と語っている。民間企業でありながら、都の行政運営を支援・補完するだけでなく、現場で培った技術やノウハウを活用し、企画・立案を担う「政策連携団体」であるのが同社の大きな特徴でもある。

同社の主な業務は東京都水道局の技術系現場業務及び料金徴収業務、お客さま窓口やコンタクトセンター（お客さまセンター）の運営など。一社で水道のほぼすべての事業範囲をカバーし、IT事業部門も備えた「日本最大級の水道トータルサービス会社」である。

令和元年10月に施行された改正水道法を契機として、今後日本国内では、水道事業の広域化や官民連携の機運が高まることが予想されている。同社のもつ技術力と専門知識は、各水道事業体の課題解決に欠かせない。それは国内だけでなく、海外においても同じで、世界最高水準の技術とノウハウを活かし、途上国などの水道システムの構築や運営サポートを行っている。

独自性の高い事業と高い安定性、技術力が強み

東京水道の強みは「安定性、独自性、人材力、技術力、社会貢献性にあります」と野田社長は語る。東京都が株主（持株比率約

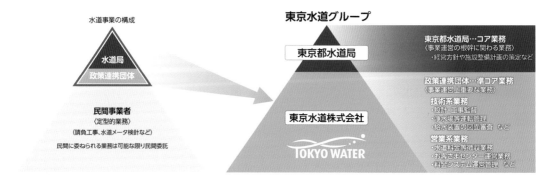

東京水道グループの業務運営体制とグループが担う基幹的業務

※「政策連携団体」東京都が出資し、継続的に都に都派遣職員を受け入れるなど、都と事業協力を行う団体のうち、都と政策実現に向け連携するなど、特に都政との関連性が高い団体

▲インフラメンテナンス大賞の『厚生労働大臣賞』を受賞

▲水道事業部門やIT事業部門など、様々な業種で若手社員が活躍し、水道インフラを支えている

80%）であり、財政基盤は安定している。また、事業は「東京都水道局の準コア業務」であり、民間企業の事業と一線を画す、重要性の高い事業となっている。

さらに、東京都水道局との連携による研修や、充実した人材育成制度により、現場で培われた総合的な技術力や水道事業の運営ノウハウを習得でき、研修を受けた若手社員が即戦力として活躍している。

人材とともに同社が誇るのは技術力の高さ。令和元年10月、同社が共同開発した漏水発見器「TS リークチェッカー」を活用した漏水発見手法が、第3回イン

フラメンテナンス大賞を受賞した。これは日本国内のインフラのメンテナンスに係る優れた取組や技術開発を表彰する格式の高い賞のひとつでもある。

社会貢献性に関して野田社長は「水道事業は、お客さまにいつでも水道を使っていただけるよう、24時間365日、安全でおいしい水を安定的に供給し、水道インフラとして都市活動を支える社会貢献度の高い事業です。また、当社は地震などの災害時には水道局と連携し、応急給水活動や水道施設・管路の被害状況や応急措置、漏水発生状況の調査などを行い、災害時の都民生活を支える役割を

担っています」と語っている。

現在は、積極的なコロナ対策を実施している。これはライフラインを担っている同社が、コロナ対策を危機管理対策の実践のひとつと捉えているためだ。「当社は、危機の時こそ頼りになる水道事業を目指し、社員の安全管理を徹底した上で、都民のライフラインを守っています。東京都水道局からは、この先10年から20年かけての技術系、営業系の現場業務を移転する方針が示されています。この業務拡大に備え、積極的に人材を採用していきます」と野田社長は語ってくれた。これからも東京水道から目が離せない。

|わ|が|社|を|語|る|

代表取締役社長
野田　数氏

世界最高水準の技術力で都民の水を守る

東京の水道はかつて西新宿にあった淀橋浄水場から通水を開始して以来、令和3年で123年を迎えました。近代水道の普及により都民の衛生環境が向上し、首都東京の繁栄に寄与してきたといっても過言ではありません。東京の漏水率はわずか3%程度で、ロンドンの約26%や、ニューヨークやパリの約8%の世界の大都市と比べても高い水準を誇っています。当社は、この

先人が築いてきた東京水道の歴史を受け継ぎ、世界最高水準の技術と専門性によって、水道を支えるという重責を担っています。このことは当社の誇りそのものです。私たちは将来にわたり、都民国民の皆さまに安全でおいしい水を安定的に供給し続ける役割を担い、さらには、東京で培った技術とノウハウで国内外の水問題の解決に貢献してまいります。

会社DATA

所　在　地：東京都新宿区西新宿6-5-1 新宿アイランドタワー37階
創　　　業：1966年8月
代　表　者：野田　数
資　本　金：1億円
従業員数：約2,600名
事業内容：管路施設管理事業、浄水施設管理事業、コンサルティング・調査事業、カスタマーサービス事業、ITサービス事業等
Ｕ　Ｒ　Ｌ：https://www.tokyowater.co.jp/

社会インフラ

商社・サービス

建設・不動産

▲株式会社日本防犯システム（（株）ジャパンセキュリティHDグループ）

防犯カメラで社会の安全を確保
——メーカーの強み生かし、最先端技術の提供目指す

ここに注目！

国内屈指の防犯カメラメーカー
AI、IoT 技術で画像解析ニーズに対応

家を出て駅に向かう道、駅で電車の到着を待つホーム、買い物を楽しむお店…。生活の中には、さまざまなところに防犯カメラが設置され、わたしたちが気づかないうちに犯罪を抑止し、安全な生活を見守っている。日本防犯システムは、この防犯カメラのメーカーとしては、草分け的な存在だ。今や防犯カメラは、犯罪の現場を録画するという当初の目的から、高齢者施設での見守りや、サービス業における顧客対応の分析ツールなど、その用途は大きく拡がっている。最近はインターネットと接続するIoTや人工知能（AI）技術を駆使するニーズも高まり、技術力や提案力が問われている。

日本の防犯カメラ普及に貢献

日本防犯システムは「社会から犯罪を撲滅させ世界平和を実現する」という使命を掲げ、2004年に福岡県久留米市で設立した。2013年に東京都港区に拠点を移し、事業規模拡大のいしずえを築いた。業界では同社のロゴでもあるJAPAN SECURITY SYSTEMの頭文字をとった「JSS」で知られ、年間9万台超の防犯カメラを販売する。業界内では確固たる地位を築いている。

創業当時は、全国の警察が街頭での防犯カメラ設置を推し進めていたタイミングと一致する。それまでの防犯カメラは屋内設置が中心だった。同社は風雨や太陽光にさらされる屋外にも設置できるカメラが必要と考え、海外メーカーなどと連携してリーズナブルな価格帯でありながら、丈夫な防犯カメラを提供することで、販売実績を得ていった。さらに国産カメラによる「MADE IN JAPAN」シリーズなど、ユーザーのニーズに応じた品ぞろえを充実させている。同社はユーザーに直接販売するのではなく、提携する全国の代理店経由で販売している。防犯・監視カメラの市場が拡大するなかで、その分野に詳しい代理店と組んだ方が、顧客のニーズを掴みやすいと考えたからだ。代理店経由で取引する企業や団体は、10万を超える。

ホールディングス体制で事業基盤を強化

2020年10月に持ち株会社、「株式会社ジャパンセキュリティホールディングス」を設立。傘下に日本防犯システム、防犯カメラネット通販専門のアルコム（福岡県福岡市）、放火監視センサー事業のニチホウ（東京都港区）の3社を擁する企業グループ体制へと移行した。グループの連携で、多様化する顧客ニーズに迅速に対応する開発体制を構築するのが狙いだ。

防犯カメラは単体で販売するものから、複数の防犯カメラをネットワークで結んで遠隔制御し、そこから得られた画像データを解析するというソリューションサービ

安心・安全な社会づくりを目的に、多くの若手社員が活躍

全方位カメラ、優良防犯機器認定カメラなど、最先端技術と最高品質の製品ラインナップ

「JSシリーズ」。国内生産を行うことで、これまでにないクオリティを実現

防犯カメラを1台販売するごとに、10杯分のお米を寄付

スへと事業内容が進化している。2019年にはAI技術を手がけるトリプルアイズ（同千代田区）と業務提携し、「AI画像認識プラットフォーム　AIZE（アイズ）」を販売開始した。2020年には新型コロナウイルス感染症対策として、AIで、正確に体温を測定可能な、人体温度測定カメラ「AIサーマルカメラ」を販売するなど、時代のニーズに沿った製品企画を加速させている。また、ネットワークに防犯機器が接続されることで課題になるセキュリティ対策についても、この分野で高い技術力を持つ台湾のライオニックと提携し、ファイアウオールや不正侵入防止、ウイルスメール対策などの機能を一体で提供するセキュリティゲートウェイを国内向けに販売している。夏の東京オリンピック・パラリンピックの開催を控え、東京やその近郊では防犯カメラの設置がさらに進む見込み。例えば、暑さで人が倒れたのを画像解析で早期に発見したいなど、より具体的な要望が同社にも寄せられているという。こうしたニーズにきめ細かく対応するフットワークの軽さを大切にした経営を進めていく方針だ。また、CSR活動として、防犯カメラを1台販売するごとに、カンボジアの孤児院で暮らす子どもたちに、お茶碗10杯分のお米を寄付する「1カメラ→10ライスプロジェクト」に取り組むなど、社会貢献活動にも力を入れている。

| わ | が | 社 | を | 語 | る |

代表取締役社長
高畠 浩之氏

最先端技術で社会に役立つ仕事を提供

日本防犯システムは「社会から犯罪を撲滅させ世界平和を実現すること」を使命に創業しました。犯罪の検挙向上に防犯カメラが貢献してきたと自負しています。そしてその役割も犯罪の検知や抑止効果から、高齢者の見守りや社会の安全維持など多岐にわたるようになってきました。画像解析にはAIが用いられるなど、技術も急速に進んでいます。

当社は社員の平均年齢が30歳と若い会社ですが、何より社会の役に立つ仕事であり、社員全員がそこにやりがいを感じています。

また、当社では若手がのびのびと最先端の事業にチャレンジできるよう、人材育成には特に力を入れています。防犯カメラはカメラ単体から、それを使ってどんなサービスを提供するかの時代に入っており、取引先も最先端の技術を求めてこられます。もちろん、ITスキルがあるに越したことはありませんが、それよりも新しいことに興味があるチャレンジ精神旺盛な方と一緒に働きたいと期待しています。

会社DATA

本社所在地：東京都港区浜松町2-4-1 世界貿易センタービルディング9階
創業・設立：2004年8月
代 表 者：高畠 浩之
資 本 金：8,000万円
従業員数：105名（グループ全体）
事業内容：監視・防犯カメラシステム機器の開発・製造・販売、デジタルビデオレコーダ機器の開発・製造・販売
U R L：https://www.js-sys.com/

社会インフラ

商社・サービス

建設・不動産

▲メタウォーター株式会社

公衆衛生の要であり人々の生活に欠かせない水・環境インフラを守り続ける
——強みの機械、電気、ICT、維持管理ノウハウで社会の課題を解決

ここに注目! 国内上下水道分野における豊富な実績
先進的な働き方改革の取り組みで「働きたい会社No.1」を目指す

2008年4月、日本ガイシ（株）と富士電機（株）の水環境部門が合併して誕生したメタウォーター。水・環境インフラにおいて、強みである機械技術と電気技術、ICT、維持管理ノウハウを生かし、グローバルにビジネスを展開。具体的には、浄水場や下水処理場に代表される上下水道施設をはじめ、ごみリサイクル施設の設計・建設、運転・維持管理が主な事業だ。もっと簡単に言えば、これらの施設を「作って、動かして、守る」ことで人々の生活を支えるのがメタウォーターのオシゴトだ。現在メタウォーターは、事業活動に加え、環境保全や社会貢献などのCSR活動を通じて「水・環境のトータルソリューションカンパニー」から「水・環境の事業運営会社」へのステップアップを図っている。メタウォーターは、その鍵となるのは「人」と捉え、「働きたい会社No.1」を目指し、社員一人ひとりがいきいきと働き、活躍できるよう数々の働き方改革を実施している。

メタウォーターは、上下水道分野、資源・環境分野を主なビジネスフィールドに、これらに関連する施設や設備の①設計・建設（EPC）事業、②運転・維持管理（O&M）事業を基盤分野とし、③海外事業と、近年注目されている④公民連携（PPP）事業を成長分野と位置づけビジネスを展開し、2020年3月期の連結売上高は1,287億円。セラミック膜ろ過システムやオゾン処理システムなどの機械技術と監視制御設備などの電気技術に、先進のICTを生かしたクラウドサービスを加え、設計・建設から高度な運転・維持管理までをトータルで提供できるのが強みだ。

拡大している公民連携（PPP）事業に強み

メタウォーターは、国内上下水道分野において豊富な実績を持ち、設計・建設（EPC）案件全体の約4割に同社が携わっている。なかでも、自治体の財政難や技術者不足を背景に拡大している上下水道分野のPPP事業においては、これまで募集された事業の半数近くに携わっている。代表事例としては、日本で初めて浄水場施設全体の更新と運営・管理をPFI方式で実施した、横浜市水道局「川井浄水場再整備事業」や広範囲な包括委託で水道分野での先進事例となった、荒尾市企業局「荒尾市水道事業等包括委託」などがあり、最近では、コンセッション方式で工業用水道事業を運営する国内初の事例となる、熊本県企業局「熊本県有明・八代工業用水道運営事業」に参画している。上下水道事業の広域化、PPPの拡大を見据え、アライアンスやパートナシップの強化を推進しPPPのフロントランナーとして事業の拡大を図っている。

もう一方の成長分野である海外事業においては、海外の水メジャーに一歩でも近づくために「まずは技術力で勝負する。特にオンリーワンのろ過技術に注力し、存在価値を示していく」（代表取締役社長 中村靖）方針だ。その一環としてアメリカの水処理エンジニアリング会社のAqua-Aerobic Systems, Inc.や同じくオランダのRood Wit Blauw Holding B.V.などをグループ会社とし、海外グループ会社を含めたメタウォーターグループが保有するコア技術を生かしながら、欧米市場を中心に事業基盤を拡大していく。

オゾン処理システム（アメリカ テキサス州 ワイリー浄水場）

セラミック膜ろ過システムとセラミック膜（右下）（横浜市水道局 川井浄水場）

横浜市水道局 川井浄水場

サテライトオフィス（立川市）

ABWを導入した西日本事務所（大阪市）

これらの成長分野とともに、同社にはもう一つの成長エンジンがある。それがメタウォーターグループ約3,000人の社員の活力だ。「人が最大の財産」という経営方針のもと、さまざまな働き方改革が実行されている。「入社5年以内の離職率が3％未満」、「育児休暇取得者の復職率100％」といった驚きの現実は、メタウォーターで働くことが、社員にとってやりがいと喜びに満ちた生活の一部であることをにじませる。

まずは、労働条件や処遇に係るソフト面の整備として、2020年4月1日から、所定労働時間を30分短縮し、1日7時間15分にするとともに、有給休暇の積立上限を従来の35日から100日に拡大。2021年6月からは65歳までの100％賃金支給と、75歳まで

での雇用上限の拡大を決定した。健康で意欲のある人には長く働いてもらう仕組みで、年齢、性別に関係なく多様な人材が働ける職場を実現している。

生まれ育った土地で 働ける環境も

人材育成でも先進的な取り組みが目白押し。社員の能力開発を支援するため、英会話やヒューマンスキル系など250の有料講座を自己負担なしで受講できるほか、社員専用の電子図書館を設置し、職種別の教育資料等をライブラリーにして業務に関する学習を存分にできる環境を整備した。特筆すべきは在宅勤務を含め、これらの支援が正社員限定ではないところ。「派遣社員や請負社員らも、平等に働く社員として扱っている」（執行

役員 藤井 泉智夫）という。ほかにも産業医、心理カウンセラーらを常駐させた保健増進の取り組みや、本人の希望を優先する柔軟な再配置制度、全国10カ所に開設したサテライトオフィスなど、社員一人ひとりの状況や生活に合わせた環境を整備する。書類やデスクに縛られず業務や目的に応じて働く場所を選択するABW（Activity Based Working）も導入した。

「今後は単身赴任も減らしていく方向にある。働く場所を選ばない。どこから打ち合わせに行ってもいい。職種にもよるが、生まれ育った土地で生活をして仕事をすることも可能だ」（同）という。全国津々浦々の施設を現場にするメタウォーター。地域との共生も重要な役割として推進していく方針だ。

| わ | が | 社 | を | 語 | る |

代表取締役社長
中村 靖氏

市民生活や地球環境を守り続ける

当社が携わる水・環境インフラは、人々の生活に欠かせないライフラインです。そしてそれは、新型コロナウイルスの世界的感染拡大により、公衆衛生の要としての役割がますます高まっています。その一方で、国内では少子高齢化による財政難や人手不足に加え、多発する自然災害により、持続の危機に直面しています。海外では、微量汚染物質や窒素拡散などによる環境

汚染がますます深刻化しています。当社はこれらの社会的な課題を、強みである、機械技術、電気技術、ICT、施設・設備の運転・維持管理ノウハウで解決し続けます。2027年までに世界で10番以内の水・環境インフラ企業を目指し、ずっと市民生活や地球環境を守り続けます。

会社DATA

所 在 地：東京都千代田区神田須田町1-25 JR神田万世橋ビル
設 立：2008年4月1日
代 表 者：中村 靖
資 本 金：119億4,670万8,000円（東証1部上場）
従 業 員 数：3,082名（連結）2020年3月31日現在
事 業 内 容：浄水場・下水処理場・ごみ処理施設向け設備等の設計・建設、各種機器類の設計・製造・販売、補修工事、運転管理等の各種サービスの提供
U R L：https://www.metawater.co.jp/recruit/graduate/

▲株式会社JPメディアダイレクト

新時代のダイレクトマーケティングサービスを提案
——日本郵便（JP）のサービスにICTを加えて新たな可能性を目指す

ここに注目！ リアルとデジタルを融合した「ダイレクトマーケティング力」
独自開発の「経営管理ツール」で持続的成長を確保

JPメディアダイレクト（JPMD）は2007年10月の郵政民営化後、初めて設立された子会社の第一号だ。全国の日本郵便の物流や郵便局ネットワークを基盤に、マーケティングのノウハウやICTを融合させて、新時代のダイレクトマーケティングサービスを提供している。出資元の日本郵便（51％）、電通グループ（49％）との合弁企業だが、代表の中島直樹CEOによると「我々は、ミニJPやミニ電通ではない。大企業にはない、瞬発力と修正力をもった「機動力」を武器に、業界の成長にドライブをかけていく」と語る。

2008年2月に設立後、2年目で黒字化を果たし、3年目で累損解消を達成。2年目以降、12年連続の黒字を達成している。創業8年目で売り上げ100億円を突破し、2020年度は売り上げ150億円超となる見込みである。

引きの強さと火事場の団結力が成長の秘訣

中島CEOは設立の背景について、「手紙の減少傾向は明らかな中、郵便の経験値を活かしながら、デジタル時代にも通用するビジネスは何かを考えた。そしてその答えが『ダイレクトマーケティング』だった」と語るが、設立時は、基盤案件も全くないゼロからのスタートの中、直前にリーマンショックが襲って市場は冷え込み、初年度は赤字決算となった。

それが、設立2年目に次々と大型案件を受注し、月次決算が黒字基調になり、成長軌道へ乗ったのである。中島CEOは当時を振り返って、「当社の強みは引きの強さと、火事場の団結力」と強調する。

設立直後の成長にドライブをかける契機となった大型案件とは、【総務省 地デジ化説明相談会の周知事業】や【Pontaカードのブランド・キャラクター開発やDM事業立ち上げ支援】など。これらの案件を通じて様々なノウハウを蓄積してきた同社は、より独自の強みを出すべく「JPMDウェイ」という独自のメソッドを駆使し「データ分析」にこだわった提案を行っている。特に、通販・EC企業向けには、受注までのマーケティング・プロモーション戦略から、フルフィルメント・ロジスティクス・発送・CRMまでをトータルでプロデュースする、「JPMDならではの提案」が顧客の人気を集めている。

経営基盤を支えている独自の経営管理ツール

同社の経営基盤を支えているのが、10年かけて作り上げた独自の経営管理ツールである。一般的に営業の進捗状況は営業が管理し、決算は経理、管理会計は経営

便利な都心のオフィスでいっしょに働きましょう！

管理が担当するが、こうした縦割りを無くし、情報を一元化して透明化させた。経営側の関心事項が明確になり、資料作成の負担も最小限となった。

「営業活動の状況が過去実績、近い将来まで見ることができる上、将来のキャッシュフロー予測も可能。案件単位で限界利益率を把握できて、損益分岐点や管理会計情報も分析できる。社員一人一人が何をすべきか、自主的に考える癖がついて、損益管理の意識付けが全社的に可能となった」（中島CEO）。

このシステムの活用は、「経営者目線をもったリーダー」を育成できるのもメリットの一つ。全社員が会社の数字に関心を持ち、各自の活動ベクトルを合わせることができる。まさに中島CEOが言う「火事場の団結力」につながっている。

今後について中島CEOは、①DX（デジタルトランスフォーメーション）化の波に対応したサービス開発②若手社員発案による新規事業のスタート③地方の企

Design Direct, Drive Direct.

JPメディアダイレクトのタグラインであり、企業理念を表しています

DM（郵便）を中心とした独自の「ダイレクトメディア」サービスを開発

郵便局差出　エリア分析　企画・印刷・制作
郵便局調整・発送　コールセンター

「BPOデジタルドライブセンター」ではDXに対応したハイブリッドな「BPO事務局」サービスを提供

業に対するマーケティング支援・起業化支援、の3つの課題をあげた。特に②に関しては自らの経験からも、「社長になるための研修がある会社にしたい」と意欲を燃やしている。

わが社を語る

代表取締役CEO
中島 直樹氏

業界の成長にドライブをかける存在目指す

「Design Direct, Drive Direct.」これは、JPMDのタグライン（企業理念を表したもの）です。

『今後成長していくダイレクトマーケティング業界の未来をデザインし、業界の成長にドライブをかける存在になりたい』という、野望の表明として制定しました。「デザインとは、橋の形を考えることではない。向こう岸への渡り方を考えることだ」（ドイツ・

ブラウン社の哲学）特に、この言葉の意味に共感し、何かを感じた人は、是非我が社の門をたたいて欲しい。まだまだ若い会社ですが、海外への社員旅行を始め、各種研修、新しい働き方（リモート・在宅ワーク・シェアオフィス）の導入など様々な取り組みを行っています。

さあ、未来のJPMDをいっしょにデザインしていきましょう！

会社DATA

所 在 地：東京都港区虎ノ門1-21-17 虎ノ門NNビル5F
創業・設立：2008年2月設立
代 表 者：中島 直樹
資 本 金：5億9,000万円（資本金：3億円・資本準備金：2億9,000万円）
従業員数：181名
事業内容：郵便物流・郵便局ネットワーク等を活用したDMメディアの企画開発・販売、ダイレクトマーケティング関連サービス、BPO・事務局・リコール関連サービス
U R L：https://www.jp-md.co.jp/

商社・サービス

建設・不動産

◢株式会社Mマート

国内最大の食材を中心とするBtoBマーケットプレイス事業で成長
──買い手会員17万社超、出店登録社数 数千社の食材流通インフラ

ここに注目！ 徹底した利用者本位の姿勢と行き渡る利他の精神
時代変化を見据えた即断即決のアジャイル経営

国内最大の業務用食材の売買サイト「Mマート」を運営する株式会社Mマート。飲食店のほか、ホテルや旅館、弁当、給食業者から食品加工やスーパー小売、通販業者、商社・問屋に至るまで、同社運営のウェブサイトを利用している買い手会員は、17万社超。売り手となるメーカー、問屋、輸入商社、加工品メーカー、生産業者などの出店登録社数は、派生サイトを含め数千社、年間の総流通高は60億円に達する。業務用食材に特化したインターネット売買市場は、特段目新しいものではない。にもかかわらず2000年の会社設立以来、着実に成長を遂げ、いまや大手通販会社や食品商社も同社サイトを利用する業界ナンバーワンのBtoBサイトに昇りつめた理由は何なのか。

決断からわずか3カ月で会社立ち上げ

長く食品業界に携わってきた村橋孝嶺社長が、Mマートを設立したのは64歳のとき。コメの仕入先を代えようにも容易に見つからないという自身の経験から、インターネットを用いたマーケットプレイスの創設を考えた。ところが当時の村橋社長は、ネットはおろかパソコンを使ったこともないIT初心者。それでも読書家だった村橋社長は、「ネット社会がもたらす情報革命の何たるかは知っていた。せがれを呼んでネットを初めて見せてもらい、事業化を即決した」という。

決断してから会社設立までわずか3カ月。すでに先行していた同類のBtoB食材サイトは、買う買わないにかかわらず、買い手から一定の会費を徴収していたのに対し、Mマートは登録費や年会費の類を一切なくし、誰もが自由に出入りできるオープン市場とした。村橋社長は「なぜモノを買うのに入場料が要るのか。これでは中小の飲食店は、なかなか入ってゆけない」と説明する。一方の売り手には、月額25,000円の出店料を求めるが、翌年度以降は逆に35,000円と一万円値上げするという驚きの建付けになっている。当然、値上げに納得せず退店していく業者も存在するが、「そうした売り手の多くは、もともと売れていない業者さん。価格設定なのか顧客対応なのか、理由はさまざまだが、何らかの理由があるはず。それを改善せずに出店を続けるのなら、Mマートにとってはいない方がよい」（同）とキッパリ。

事務所エントランス正面

活気のある職場風景

見晴らしの良いミーティングスペース

事務所のある新宿アイランドタワー

利益は社会から還元されるもの

そこにあるのは、従来サイトが見逃してきた買い手目線。価格だけでなく、品質はどうか、配送はどうか、買い手はネット上の売り手を信用して発注を決めるもの。仮に注文してみたが、満足に至らない商品や対応があったとしたら、今度は買い手がMマートを信用しなくなる。買い手からのクレームに対し、同社が直に出店社を指導するケースもあるほか、現金決済ルールや個人の参加を認めないなど、売り手と買い手の双方が満足できる良質なサイトに向けた不断の取組みが、「Mマートなら間違いない」という信用を育んだ。

利用者本位を貫く差別化戦略の勝利と言えるが、村橋社長は「儲けようというよりも食品業界の役に立ちたいという思い。企業は社会の公器でもある。利益は得るものではなく、社会から還元されるもの。利他の気持ちが必要だ」と強調する。家族とともに戦後の満州から引き揚げてきた下関。そこで初老の女性が分け与えてくれたおにぎりの味が、その後の村橋社長の生き方の原点になっている。食に関係する仕事を転々としながらも、あの時の感謝の気持ちが離れない。食に対する報恩の姿勢がMマート創設に結実した。

Mマートに続き、2003年に厨房機器、食器等の「B net」、2008年には食材アウトレットの「卸・即売市場」、2009年には厨房機器等のアウトレット市場「ソクハン」と系列サイトを次々にオープン。2020年には初のBtoCサイトとなる「C-joy」を開設し、「今後も時代の変化を見据えて迅速に判断、行動できるアジャイルな経営を続けていく」（同）という。業界を見つめ、社会を見つめ、Mマートによる食品流通の新たな舞台設定が構想されていくことになるだろう。

｜わ｜が｜社｜を｜語｜る｜

代表取締役社長
村橋 孝嶺氏

「謙虚」「素直」「感謝」の気持ちで

誰もが安心して使っていただける業務用食材の効率的な流通インフラとして、Mマートを運営してきました。規模の大小にかかわらず、食に関係する方々に幅広く使っていただき、社会に役立ててもらうのが目的です。今では当社サイトの利用は毎年広がり、食品・食材流通になくてはならない存在となりました。また2018年には東証マザーズに上場し、事業継続の責任を果たしていく態勢を整えたところです。将来を予測することはできませんが、変化をキャッチして迅速に行動を起こすことは可能です。「商売は道徳であり、誠実さである」という当社の理念と、「謙虚」「素直」「感謝」の3つを大切にする気持ちを忘れずに、今後も社会に役立つ新たなサービスを提供していきます。

会社 DATA	
所 在 地	東京都新宿区西新宿6-5-1 新宿アイランドタワー26階
創業・設立	2000年2月25日設立
代 表 者	村橋 孝嶺
資 本 金	3億1,861万9,000円（東証マザーズ上場）
従業員数	62名（2021年1月現在）
事業内容	業務用食材の業者間電子商取引（BtoB）サイト、厨房機器等、業務用機械や備品・用品のBtoBサイト等の運営
U R L	https://www.m-mart.co.jp/

建設・不動産

▲アイグッズ株式会社

1000年成長し続ける会社へ
——グッズを通して企業ブランドを創る

ここに注目！ 従来の流通モデルからの脱却〜ワンストップサービスで顧客の信頼を勝ち取る
学び続ける社風〜製造業ではなく人材企業として社会に貢献

2016年に創業。当初は500社ほどの取引だったが2020年には3000社を超えた。同社はこれまでのグッズ業界における「工場・商社・会社・代理店→お客様」へとつながる流通スタイルから「お客様と工場をダイレクトにつなげるワンストップ型」へと進化させた。これにより顧客ニーズに寄り添うパートナーとして、きめ細かくスピーディに対応することが可能になった。企業の顔ともいえるオリジナルグッズの製品クォリティの向上に重点を置き、最高峰のグッズづくりを目指しているアイグッズ株式会社。2020年度の売り上げは約30億円に達する。斜陽といわれるグッズ産業界にあっても、売り上げ前年比23億円増と右肩上がりに成長し続けている。

社会の困りごとにいち早く気づき、着手する実行力が評価

アイグッズのグッズづくりの最大の特長は「フルオーダーのオリジナルグッズを海外で生産する」ことにある。同社のグッズ生産拠点はアジア。多品種、多ロット（一万単位以上）に渡る生産ニーズに対応するため、中国での生産展開を実施している。中国工場には常駐するQCスタッフと共に品質向上に取り組む。また高い品質を維持するための検品センターを東京都足立区に置くとともに、本社事務所でも検品を実施している。顧客満足度も高く、リピート率はほぼ100％。取引先企業には化粧品関連やアパレル系が多い。タリーズコーヒーやジルスチュアートなどの著名企業も並ぶ。2020年現在、社員数は30名で平均年齢は26.5歳。女性スタッフが8割を占めるが入社希望者は男性でも大歓迎だ。

最近は〝コロナ対策〟でも注目されている。感染拡大前の2020年2月、就職内定者から〝コロナ対応グッズの販売〟提案を受け、いち早く具体化に着手。本業の製造ネットワークを活用することで、短期間で体制を確立。2020年9月までにマスクを全国に4000万枚届けた。これは日本の約3人に1人が同社のマスクを使用している計算だ。2021年2月現在は30種類以上の対策グッズを販売している。数多くの企業が対策グッズに着手する中で、国内有数の販売量を誇っているのは、常に「社会の困りごとは何か」を考え続ける社風が生み出した結果である。

木の年輪のように太く永く成長。人生を共に考える会社

同社の業績は急成長しているが、それとは裏腹に個人の成長は長期的目線で捉え決して急ぐことはしない。ゆっくりでも、人として大切なことを着実に学ぶ場と

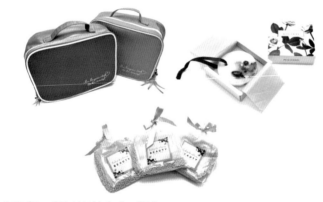

有名ブランドのオリジナルグッズ制作

コロナ対策グッズ専門サイト〝コロタツ〟

風通しも良く、笑顔で楽しい職場環境 / 手作り感の漂うアットホームなエントランス

1000年成長し続ける会社を創る

少しずつでも良い

木の年輪のように、少しずつ成長し続けたい

なっている。社員全員が誠実で、相手を思いやり、学び続ける企業文化を大切にしている。

社員の幸せを第一に考える社風のもと、社内人事制度は「人事成長制度」と位置付けられる。社員の成長度合いによる評価を毎月実施。新卒社員には専属の指導者が仕事面でも精神面でも一年間サポートをし、共に成長していく体制をつくりあげている。社員の採用にあたっては未経験者だけに限定し"わが社に入社することでこの人は幸せになれるだろうか"を念頭に採用の可否を決めていく。入社してからも社員全員で成長を全力でサポート。勉強会や各種研修を通じて、新人であっても会社

への当事者意識を確立した「自走人材」を育成していく。普通の製造業では考えられないような充実した育成制度から"未来を創る人を創る、人材業"ともいえる。

今後もグッズを通して社会、企業ニーズに積極的に対応することで価値を見出し、様々な想いをカタチにしていく。そして持続的な成長のもと1000年成長し続ける企業として社会に幸せの輪を広げていくことを目指している。

｜わ｜が｜社｜を｜語｜る｜

代表取締役
三木 章平氏

お客様のパートナーとして唯一無二のグッズを製作

当社は「採用活動は企業の第一ボタンである」と捉え、未来を共にする仲間探し"新卒採用"に本気で取り組んでいます。事業では「発想から発送まで」をキーワードに、お客様のパートナーとして唯一無二のグッズを製作。提案力・価格・品質にご満足いただくことはもちろん、感動レベルのサービスを届け、最終的には会社のファンになってもらうところまでをゴールとしています。

さらにお客様ニーズへの対応は当然のこと、社会ニーズへの対応にもいち早く貢献することを心がけ、今後の事業展開はグッズ製作だけには留まりません。

チームワーク・努力・利他を大切にする"人材会社"として、お客様や仲間と共に考え寄り添えるプロの人材を育成する会社です。「世界一幸せに働ける会社」になることを目指すアイグッズに、今後もご期待ください。

会社DATA	
所 在 地	東京都港区三田1-1-15 Azabu3階
設 立	2016年1月
代 表 者	三木 章平
資 本 金	3,000万円
従業員数	30名（2020年）
事業内容	フルオーダーメイドのオリジナルグッズ、ノベルティのデザイン・製造・販売及び輸出入
U R L	https://www.i-goods.co.jp

商社・サービス

建設・不動産

▲オーエスエレクトロニクス株式会社

顧客に寄り添う柔軟な対応力が強みの電子部品商社
——"有言行動"＋Sで顧客の信頼を得る

ここに注目！ ＋S（プラスエス）活動による柔軟な対応力
"有言行動"によるクイックレスポンスの実現

5G、IoT、ビッグデータ、AI分析、VRなど、最新のテクノロジーが次々と生まれている。私たちの生活には、パソコンやタブレットPC、スマートフォン、デジタルカメラなどのIT製品が欠かせないものになっており、それらの製品を支える半導体をはじめとした電子部品はますます重要性を増している。半導体、電子デバイス、電池、電源、放熱器など幅広い電子部品を取り扱う電子部品商社のオーエスエレクトロニクス。同社は顧客に寄り添う柔軟な対応力で顧客のニーズを見極め、要望を満たすサービスを提供することで厚い信頼を寄せられている。

プラスS活動で仕入先・得意先の利益に貢献する

急速なテクノロジーの進化によって、エレクトロニクス業界には急激な変化が起こっている。製品に使用される電子部品の移り変わりは激しく、日々刻々と変化する市場においては、品質の追求はもちろん、提供するスピードや最適化を図るための技術力も大いに問われる時代になっている。そうした状況の中で、常に時代を見据え、顧客に正確な市場情報や業界情報を発信し、サプライヤとユーザーの間に信頼関係を確立しているのがオーエスエレクトロニクスだ。顧客に寄り添う柔軟な対応により、業界でも独自性のあるエレクトロニクス技術商社というポジションを確立している。

同社の強みは「電子部品商社としてのサービス力にある」と東海林尊信社長は語る。製造業では製品の品質管理の指標として「QCDS」を重視することが多い。品質（Quality）、価格（Cost）、納期や入手性（Delivery）、対応やサポート（Service）の頭文字をとったものだ。同社では「QCDSに加えてサービスを2倍と考え、『＋S（プラスエス）活動』という行動指針を実施している」と東海林社長は明かす。一般的に半導体などの電子部品は製造に長い時間を要するため、発注から納品まで数カ月を費やす製品が多い。その一方で電子部品のユーザーは時代のニーズに応じるためにいま直ぐにでも部品が欲しい。それゆえ、人気の電子部品はユーザー間での取り合いになることもある。そうした状況を踏まえて同社では、ユーザーに先駆けて市場のニーズを見極め、同社が電子部品の先行発注を行い、いち早くユーザーの要望を満たすデリバリー（納期や入手性）の実現をサービスとして提供している。そのため、同社が商社として扱う電子部品ではデリバリーが守られ、

ONE STOP SERVICE
柔軟な対応力／少ロット対応／クイックレスポンス

提携各社　電池　電源/放熱器　電子デバイス　**SOLUTION**　カスタム製品モジュール　半導体

QSE

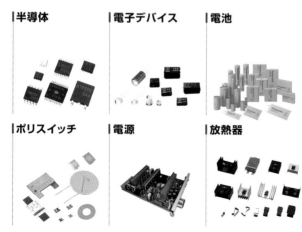

|半導体　|電子デバイス　|電池

|ポリスイッチ　|電源　|放熱器

取扱製品群

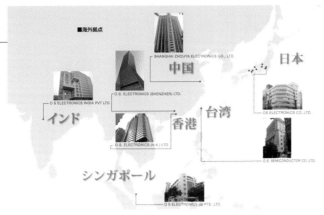

グローバル化によるワンストップサポート

サプライヤー新工場にて

取り合いも起きにくい。その結果として、サプライヤとユーザーの間で信頼関係が築けるのだ。「当社がパートナーとして間に入り、ユーザーの手の届かない部分をフォローすることで、当社だけではなくユーザー、サプライヤの利益に貢献できることになる」(東海林社長)。

"有言行動"でクイックレスポンスを実現

デリバリーを守るという顧客に寄り添ったサービスを実現する「＋Ｓ活動」の他にも、同社ならではの行動指針は多い。その一つが「有言行動」だ。「有言実行でも不言実行でもなく、"有言行動"」と語る東海林社長。同社では社員たちがみな、自分は「こういう事をやる」という行動計画を事前に宣言して、実際に行動するという。「組織で力を出すためにはPDCA（Plan（計画）・Do（実行）・Check（評価）・Action（改善）の頭文字）のP（計画）を共有する必要がある。行動計画を事前に宣言することでチームが各自のプランを共有できる」(東海林社長)。

実際、この有言行動の効果は大きい。宣言して動くことで、各自の動きをチームで把握することができ、お互いのフォローが可能となる。発注や納期の管理も共有しやすくなり、結果的に顧客へのクイックレスポンスにつながる。「電子部品の業界ではスピードが強みになる。他社よりも早く見積もりを提出できたため、受注が成立したケースも多い」(東海林社長)。独自の行動指針を武器に、顧客に寄り添った柔軟なサービスを展開する同社。顧客の手の届かない部分を的確にフォローするその優れたサービス力、それによって同社はユーザーとサプライヤの両方から信頼を勝ち得ている。

| わ | が | 社 | を | 語 | る |

代表取締役 社長執行役員
東海林 尊信氏

「独自性のあるエレクトロニクス技術商社」であり続けたい

当社は"有言行動"を信条とする会社です。単なる有言実行ではなく、行動計画を事前に宣言して実際に行動することです。言葉にすることで、やるべきことを明確にし、決意を固め、それを行動に移す。だからこそ、お客様は我々の提案を信頼することができ、我々も常に約束を果たすべく行動できるものと信じています。今日、ビジネス環境は急激に変化しており、エレクトロニクス業界も急速に変化しています。当社は常に時代を見据えて、お客様に正確な市場情報や業界情報を発信し、サプライヤとユーザーの間に信頼関係を確立する「独自性のあるエレクトロニクス技術商社」であり続けたいと考えています。

会社DATA	
所 在 地	東京都千代田区外神田3-16-8 秋葉原三和東洋ビル5F
創業・設立	1963年4月設立
代 表 者	東海林 尊信
資 本 金	9,900万円
従業員数	202名
事業内容	半導体・電池・電源・SSD・産業用カメラなど電子部品商社
U　R　L	https://www.oselec.jp/

◣ 株式会社リディアワークス

環境に優しい布看板、抗ウイルス・抗菌フィルムなど話題の製品次々に
——2019グッドデザイン賞ベスト100、2020はばたく中小企業300社受賞

ここに注目！ 内照式の布看板「LUFAS®」が照明・インテリア業界を変える
「キルウイルス®」フィルムはコロナウイルスを1時間で83.8％減少

中小企業でも世の中を変えられる。空間ディスプレー印刷製造、機能性フィルム企画製造の株式会社リディアワークスは、そんな一社だ。2014年に開発した布看板「LUFAS®」は、従来の電飾看板に用いられているアクリルからの変更が進めば、政府のワンウェイ（使い捨て）プラスチック排出抑制政策に大きく貢献する。2020年に開発した抗ウイルス・抗菌フィルム「キルウイルス®」は、新型コロナウイルスが1時間に83.8％減少することを宮崎大学が実証した。「魅了する環境をアイデアで実現する」というビジョンを掲げる同社の挑戦は始まったばかりだ。

「LUFAS®」は新千歳空港、SUBARU全国ディーラーなどが続々採用

リディアワークスの小林史人社長の実家は看板業で、小学生のころからフィルム加工作業を手伝っていたという。写真業界で約3年間、特殊フィルム・印刷に従事した後、実家に戻ったものの「孫請けのような格好だった。他の会社ができない商品・サービスで仕事をいただいていたので、これに特化して下請けから脱却しようと2010年にリディアワークスを設立した」（小林社長）。社名は「アイデアを実現するリアライズ・アイデアから名付けた」（同）。

布看板については、世界中で使われているものの、日本では普及していなかった。「印刷した布をアルミ枠にはめ込む時に、しわが寄ったり、たるんだりして、うまく張れなかったのが原因だった」（同）。そこで、印刷した布の周囲にラバーを縫製。そのラバーを、四方に溝があるアルミ枠の溝へ差し込むだけで布の展張設置ができる技術を開発した（日本のほか主要国で特許を取得）。こうして2014年に「LUFAS®」が誕生した。

「LUFAS®」は従来の電飾看板に用いられるアクリルと比べ、製造時のCO₂を95％削減する（リディアワークス調べ）。配送は筒状に梱包できるので、軽量コンパクト。使用時は国産のLEDを効率的に配列することで、電気代がアクリル比68％削減できる（同）。布看板の取り付けは専門的な技術を必要とせず、何度でも再使用可能。さらに面板割れ落下事故の恐れがない。政府は国際社会共通のSDGs（持続可能な開発目標）を受けて、ワンウェイプラスチックの25％排出抑制を掲げており、追い風も吹く。

「LUFAS®」は2019グッドデザイン賞のベスト100に選出された。新千歳空港、SUBARU全国ディーラーなど採用が続々と増えており、小林社長は「看板から照明・インテリア業界へ拡大したい」と意気込んでいる。

グッドデザイン賞にも選ばれた
LUFASを使用した大掛かりな装飾事例

カーディーラーの演出ツールとしてLUFASを活用

新千歳空港内LUFAS仕様の広告看板

KILVIRUS

抗菌フィルム「キルウイルス®」を独自開発

「キルウイルス®」は、銀行の窓口カウンターでも使用

「キルウイルス®」シールを山田記念病院（墨田区）など15医療機関に無償提供

　新型コロナウイルスの感染拡大を受けて、リディアワークスは銅の抗菌フィルム「キルウイルス®」を開発した。宮崎大学における実証試験では新型コロナウイルスが1時間に83.8％減少することが確認されたほか、インフルエンザウイルスやノロウイルス・大腸菌では1時間で99.99％減少するという。カウンターや机上用のシールのほか、マスクケース、ポーチ、ドアノブなどに使える。理化学研究所と神戸大学の研究データでは、飛沫の約45％が机上に落下しているため、カウンター・机上用シール（55cm×35cm）をビニールシート（1mm）に貼り付ける加工オプションもある。

　「キルウイルス®」の販売と、医療機関などへの支援活動「ウイルスケアレインボーハートプロジェクト」を行うために、リディアワークスは2020年7月に株式会社ウイルスケアを設立した。同プロジェクトでは「東京都墨田区を経由して、区の医師会から山田記念病院など会員の15医療機関に無償提供させていただいた」（同）と、社会貢献活動を展開している。

　リディアワークスは2020年11月、経済産業省から「2020年はばたく中小企業・小規模事業者300社」の選定を受けた。選定理由には、『ファブリックサインの常識を変えた「LUFAS」をブランド化し事業を拡大』とある。今後も魅了する環境を提供してくれることだろう。

｜わ｜が｜社｜を｜語｜る｜

代表取締役社長
小林 史人氏

差別化できる商品で独自性を出し、「現場で手軽に」を実現

　他社と明確に差別化できる商品を扱い、独自性を出すとともに社会貢献するという取り組みは順調に進んでいます。現場の仕事は若い人が入ってこないし、職人を育てるには時間がかかります。職人を育てなくてもお客さまが簡単にできる方向へ流れていくでしょう。「LUFAS®」も広告看板から照明・インテリア業界へ拡大するには印刷業者、看板業者、ディスプレー業者などと連携して、当社は材料を販売するという戦略を考えています。

　印刷はいろんな空間とコミュニケーションを可能にします。フィルムも世の中に出回っていないものがたくさんあります。不燃材料を「LUFAS®」の天井材に転用して防災につなげたり、「キルウイルス®」をスマートフォン用に商品化したりすることで、売り上げを伸ばしていく計画です。

会社DATA

所 在 地：東京都墨田区立川3-6-5
創業・設立：2010年10月設立
代 表 者：小林 史人
資 本 金：1,000万円（2021年1月末現在）
従業員数：12名（2021年1月末現在）
事業内容：空間ディスプレー印刷製造施工・機能性フィルム企画製造施工、抗ウイルス
　　　　　製品販売、レインボーハートプロジェクト支援活動の運営
U　R　L：http://rideaworks.com/

商社・サービス

建設・不動産

▲エム・ケー株式会社

まちづくりを通じて地域経済の活性化に貢献
——誰もやらない土地開発事業を成功させる小さな大企業

ここに注目! 市街化調整区域の開発含めた独自の不動産開発戦略
ストック型ビジネスがもたらす圧倒的な財務資本力

市街化調整区域の開発など、できるわけがない―。埼玉県日高市の圏央道狭山日高インターチェンジ（IC）周辺に広がる市街化調整区域に、大手飲料系物流会社が物流拠点を求めていた。だが市街化調整区域は、都市計画法で定められた市街化を原則抑制する地域であり、自治体の許可なく新たに建物を建てることはできない。弱小不動産会社のエム・ケー株式会社が、複雑な行政の認可を取り付けて、あまたいる地権者の合意を取ることは至難の業。当初は相手にしなかった市の担当者も、特定企業の誘致という視点から、税収効果や雇用創出効果を何度も説明に訪れるエム・ケーの姿勢に徐々に軟化し、やがて開発は成功を収めた。会社設立から11年、1999年のことである。

自治体・地権者・企業からの信頼を獲得

長く住宅業界に身を置いた小林勁社長が独立し、最初に始めたのが土地を仕入れてマンションなどを建てて売る一棟売り。数年後に

イオンモールつくば「地元に賑わいと活性化をもたらすショッピングセンターの開発事業」

ネクストコア五霞「圏央道五霞インターチェンジに隣接する区画整理事業」

はヘッドリースと呼ばれる長期一括で物件を借り上げるビジネスに参入した。実態はサブリースと同じで、おもに企業の社宅や社員寮として貸し出すリースをメインにしたが、バブル崩壊で社宅ニーズが減退すると、今度はこれを有料老人ホームに転用するビジネスを展開。以来、さまざまなヘッドリース案件を手掛け、今なお同社の揺るぎない収益基盤になっている。この間、一般には活用しづらい面倒な土地にも挑戦した経験が、日高市の市街化調整区域のビジネスに役立った。

日高市の信頼を獲得したエム・ケーは、この後も同IC隣接エリアで、食品会社や運送会社などオーダーメイド型の開発プロジェクトを次々に成功に導いた。極めて稀有な市街化調整区域の土地開発を手掛けるエム・ケーの名前は、業界で知られる存在となったが、業界以上にエム・ケーに熱いまなざしを送っていたのは、市街化調整区域の活用に悩む多くの自治体や地権者たちだった。

例えば、2013年にグランドオープンした「イオンモールつくば」。茨城県つくば市の6万5,000坪の市街化調整区域を有する地権者99人の代表が、2000年に同社を訪れた。企画から行政交渉、認可申請、企業誘致、地権者の合意取り付けなどの一連の業務をエム・ケーが担当し、13年にも及ぶ歳月を費やし、地権者から土地を一括で借り受けてイオンに30年貸すスキームをまとめあげた。また2008年に提案競技により選定された埼玉県久

ネクストコア千葉誉田、ネットスーパー本格稼働に向けたイオン様等、多くの優良企業を誘致に成功

社員はまちづくりにやりがいを持って業務に取り組んでいる

産業用地創出により地元に雇用と地域経済の発展をもたらしている

喜市の清久工業団地周辺土地区画整理事業では、わずか5年で地権者168人を擁する土地に工業団地を完成、さらには企業誘致をして、業界や周辺自治体を驚かせた。

地元と喜びを分かち合う

市街化調整区域で手掛けた数々の開発プロジェクトについて、小林久恵常務は、「まちをつくることの喜びを分かち合える。店が建ち、工場が建ち、人が集まる。街が明るくなったとか、家族が戻ってきたとか、地元の方々が素直に喜んでくれる。そこに社員の喜びがある」と話す。これまでに手掛けたプロジェクトの累計効果は、

税収アップで毎年22億円、雇用創出で1万5,000人に及ぶという。小林社長は「土地活用は一人ではできない。ともに作るから価値が生まれる。地元と自治体と企業の三方よしが大事だ」と強調する。

多彩な開発スキームを編み出す企画力、地権者に寄り添い合意形成に導く交渉力、さらに土地や法令手続き等に関する情報力。これらの力を組み合わせ、他社には真似できない同社ならではのオンリーワン事業を展開してきたが、もう一つ忘れてならないのが圧倒的なその財務力。みずから数十億円を投じて開発案件も成功に導いたケースもある。小林久恵常務は「派

手な商売に見える不動産業界で、小林社長は財務に厳しく堅実一辺倒できた。オーナー様の大切な資産を負う当社が躓くことは絶対に許されないからだ」（小林取締役）と、業界最大手にも引けを取らない財務健全性の理由を説明する。

社員40人弱、売上高200億円超で営業ノルマなし。実績と信頼で多くの開発依頼を集め、2021年も千葉外房有料道路高田IC周辺地区7万9,000坪の開発事業をはじめ、同社主導の大規模開発プロジェクトが進行中。オンリーワン事業で大手並みの力を発揮するエム・ケーの躍進がしばらく続きそうだ。

｜わ｜が｜社｜を｜語｜る｜

代表取締役
小林 勁氏

時代の変化見据えた次のまちづくりへ

ヘッドリース事業が当社事業の柱ですが、大規模な区画整理や複合的な土地開発事業を手探りしながら遂行し、地域の活性化にも貢献してきました。開発許認可と土地を活かす企画力が強みですが、自治体や地元の皆様、進出企業の方々との信頼関係が大事です。企業がまちと融和し、新たな地元文化が芽生えることが理想です。これまで商業施設や物流拠点、工場団地などを

開発してきましたが、時代は変化し続けています。多様な土地活用ニーズに対応できる新たな開発手法を準備することが大切です。特に今後の情報化投資で需要が高まる首都圏でのデータセンター建設など、次の時代を見据えたまちづくりに取り組み、100年企業を目指していきます。

会社DATA

所 在 地：東京都日野市大坂上1-30-28 MKビル
創業・設立：1988年11月1日設立
代 表 者：小林 勁
資 本 金：1億円
従 業 員 数：39名（2021年1月現在）
事 業 内 容：●ヘッドリース業務（寮・住宅・倉庫一括借り上げシステム）●大規模産業用地分譲開発 ●宅地造成請負業務 ●開発許認可業務 ●土地区画整理事業 ●建築設計、施工請負業務 ●中高層住宅販売 ●戸建分譲 ●不動産物件仲介業務 ●倉庫業務 ●不動産賃貸業 ●太陽光発電事業
U R L：http://mk-corp.co.jp/

商社・サービス

建設・不動産

◢日建設計コンストラクション・マネジメント株式会社

施設の資産価値向上を支援するコンサルティング＆マネジメント・ファーム
──高い信頼性を武器に多様化する建設プロジェクトをコーディネート

ここに注目！ 建設プロジェクトのあらゆる問題解決が可能な総合力
中立性が高く、真にクライアント本位のサービスを提供

日建設計コンストラクション・マネジメント株式会社は、建設プロジェクトに関するあらゆる悩みを解決してくれるプロフェッショナル集団だ。社名の通り、コンストラクション・マネジメント（CM）業務を主体として、既存施設の価値を高めるライフサイクル・マネジメント（LCM）業務を展開しているほか、不動産利活用コンサルティング業務や、グローバル事業支援など、建設に関するあらゆるクライアントのニーズに対応している。

企業のスタートは日建設計の事業部から。2005年に中立性を担保するために日建設計から独立した経緯をもっている。

CMでは建設プロジェクトの事業構想段階から設計、施工、運営管理の各段階のマネジメントを担い、オフィス、商業施設の他、研究、教育、医療、放送、エネルギーなどほぼ全領域の施設にわたってサービスを提供できるのが

強みだ。クライアントは民間企業のほか、寺院、庁舎や病院、スポーツ施設などの公共施設まで幅広い。建物のコスト管理、品質管理やスケジュール管理などプロジェクト全般にわたりきめ細やかなマネジメントサービスを行っている。

LCMでは単なる施設の劣化対応、バリューアップだけにとどまらない。改修投資に関わる調査、戦略策定や遵法性、耐震性の確保、エネルギーマネジメント、BCP対応など、施設所有者が期待する、あらゆるニーズに対応できる。

透明性の高い建設マネジメントサービスが武器に

もともと、設計者とコンストラクション・マネジャーの立場を明確にし、公正で透明性の高いマネジメントサービスの提供を目指して、日建設計から分離・独立した経緯をもつ。水野和則社長も「不

動産会社でもゼネコンでもない私どもが、透明かつ中立な立場でサービスを提供できることに、大きな意味がある」と言う通り、偏りのない、真にクライアントの立場に立った提案が可能である点が、同社の最大の強みである。

その結果、近年発足した事業性検討グループでは、広大な敷地を持つ企業の事業改革に伴う敷地の有効活用や、新聞社の不動産利活用等のプロジェクトで大きな成果をあげつつある。

事業環境の変化により不動産の再編を必要とする企業も多い。そうしたクライアントに対し、不動産の取得・売却を含めた支援を戦略検討とシームレスに行うよう、求められることも増えてきた。そのため、2019年には不動産取引に関する免許も取得した。

ユーザーからはこうした中立性・透明性が高く評価され、サービスは多岐にわたっている。最近ではコロナ禍でオフィスの在り方

マネジメント・コンサルティング実績「東京會舘本舘」

マネジメント・コンサルティング実績「武田グローバル本社」

マネジメント・コンサルティング実績「真宗大谷派難波別院」

CSRの取り組み
「木を伐る活動」

CSR活動を発信する媒体
「新林」表紙

をワークスタイルに立ち戻って検討支援する「ワークスタイル・ソリューション検討業務」に注目が集まっている。

国内外のクライアントのあらゆる建設プロジェクトに対応

その他、多くのメガソーラープロジェクトや、太陽光から水素を製造する政府の実験プラントプロジェクトなど、再生可能エネルギープロジェクトのCM、環境・スマートテクノロジーに関連するコンサルティング事業、BIM（ビルディング・インフォメーション・モデル）を活用した施設マネジメントなど、業務領域は多様化している。

これらの事業は国内だけでなく、グローバルに展開しており、日本を代表する企業の海外展開を支援し、手掛けるプロジェクトは世界30か国以上にも及ぶ。

一方で、外資系企業による日本国内の不動産投資プロジェクトも増加している。世界的な化粧品メーカーのアジアにおける生産拠点構築プロジェクトや、北海道の大型リゾート投資や関西の大型複合施設なども、進行中だ。

こうした拡大かつ多様化する業務に対応できる理由として、水野社長は優秀な人材の存在をあげている。「社員一人一人のスキルの高さがなければ、時代とともに移り変わるクライアントの難しい要求に対応できません。コンサルティング＆マネジメント・ファームにふさわしく、一人一人がプロフェッショナルとして自立を促進するため、個人により大きな権限を与えるように人事制度も見直しています。また、数年前に定年を65才に延長して、年齢にかかわらず、質の高い業務の提供が可能になりました」と語ってくれた。成長を支える人の力を存分に発揮できる、東京のカイシャがここにある。

サステナブルな社会環境の構築を目指す

私たちは透明性が高く、かつ豊富な実績を持つマネジメント会社で、プロフェッショナルが集まった専門家集団です。創業時、12名の社員は現在、300名を超えました。世の中の施設関連のマネジメントに対するニーズの急激な高まりによるものです。成長・拡大路線の一方で、サステナビリティの推進も重要な経営課題の一つと考えています。「サステナビリティ推進チーム」を発足し、森林関連の社会課題解決への取り組みとして、媒体『新林』を発行したほか、京都大学ESG研究会に参画しています。コロナ禍の不透明な今こそ、あらゆるプロジェクトをクリエイティブにマネジメントすることで、皆様と共に「まだない明日へ」歩んで行きたい、という思いを抱いております。

会社DATA

所 在 地：東京都文京区後楽1-4-27
創業・設立：2005年1月設立
代 表 者：水野 和則
資 本 金：8,000万円
従 業 員 数：316名（2021年1月現在）
事 業 内 容：公共・民間施設などのコンストラクション・マネジメント業務など
U R L：https://www.nikken-cm.com/

商社・サービス

建設・不動産

掲載企業 40 社エリア別 （地名の 50 音別）

モノづくり　　食・生活・エンタメ　IT/ソリューション　医療・医薬・化学　社会インフラ　商社・サービス　建設・不動産

【江東区】
- JN システムパートナーズ株式会社
- 株式会社セルシード

【品川区】
- 株式会社アコーディア・ゴルフ
- 株式会社ギフティ
- ワッティー株式会社

【渋谷区】
- 株式会社 10ANTZ

【新宿区】
- 株式会社Mマート
- 株式会社アセンド
- 株式会社温故知新
- ジーエルサイエンス株式会社
- 東京水道株式会社

【墨田区】
- 株式会社ハイオス
- 株式会社リディアワークス

【台東区】
- 東洋合成工業株式会社

【中央区】
- 株式会社アンリミテッド
- サインポスト株式会社
- 株式会社総合電商
- 中外製薬株式会社
- 株式会社ハイパー
- ミス・パリ・グループ

【千代田区】
- 株式会社エム・オー・エム・テクノロジー
- オーエスエレクトロニクス株式会社
- 株式会社セールスフォース・ドットコム
- 株式会社ミナシア
- メタウォーター株式会社

【文京区】
- 日建設計コンストラクション・マネジメント株式会社

【港区】
- DOT ワールド株式会社
- 株式会社 JPメディアダイレクト
- 株式会社 SUMCO
- 株式会社 True Data
- アイグッズ株式会社
- エイムネクスト株式会社
- シーレ株式会社
- ソレイジア・ファーマ株式会社

- 株式会社日本防犯システム
- 株式会社マイクロン

【八王子市】
- 株式会社エリオニクス
- マイクロニクス株式会社

【東村山市】
- 株式会社フェア

【日野市】
- エム・ケー株式会社

INDEX

MEMO

MEMO

NDC 335

これから伸びる東京のカイシャ2021

2021 年 3 月 31 日　初版 1 刷発行　　　　　　　　定価はカバーに表示してあります。

© 編　者　　　日刊工業新聞社
　発行者　　　井水治博
　発行所　　　日刊工業新聞社　〒103-8548 東京都中央区日本橋小網町14-1
　　　　　　　書籍編集部　　　電話 03-5644-7490
　　　　　　　販売・管理部　　電話 03-5644-7410
　　　　　　　FAX　　　　　　03-5644-7400
　　　　　　　振替口座　　　　00190-2-186076
　　　　　　　URL　　　　　　https://pub.nikkan.co.jp/
　　　　　　　e-mail　　　　　info@media.nikkan.co.jp

　協力　　　　　　日刊工業コミュニケーションズ
　カバーデザイン　日刊工業コミュニケーションズ
　印刷・製本　　　新日本印刷（株）